경제 양극화와
국가 위기 극복을 위한
차기대통령
왜
박근혜인가

경제 양극화와
국가 위기 극복을 위한
차기대통령

왜 박근혜인가

김병욱 지음

torae Pub

왜' 박근혜인가

지은이 | 김병욱
펴낸이 | 이성범
펴낸곳 | 도서출판 타래

기획 | 정경숙
디자인 | (주)우일미디어디지텍

초판 1쇄 인쇄 | 2012년 8월 10일
초판 1쇄 발행 | 2012년 8월 13일

주소 | 서울시 마포구 서교동 476-25 유삼빌딩3층
전화 | (02)2277-9684~5 / 팩스 | (02)2265-9632
전자우편 | taraepub@nate.com
출판등록 | 제2012-000232호

ISBN 978-89-8250-021-3 03340

· 값은 뒤표지에 있습니다.
· 파본은 구입한 서점에서 교환해 드립니다.

이 책을 내면서

2012년, 한국의 정치 시계가 빠르게 움직이고 있다. 모두가 미래를 향해 달려가고 있지만, 대선이라는 터널을 지났을 때, 어떤 미래가 펼쳐질 지는 아무도 모른다.

불과 5개월도 남지 않은 기간 동안 어떤 돌발 변수들이 튀어나올지 모르고, 어디에서 폭탄이 터질지 모르는 상황들이 잠재되어 있기 때문이다.

폭탄의 진원지는 인터넷이 될 가능성이 높다. 인터넷은 거대한 도마와 같으며, 언제든 먹잇감이 올라오면 난도질할 준비가 되어있는 네티즌들이 항시 대기하고 있다. 내용이 진실이든 아니든 공유의 기쁨을 누려본 네티즌들은 특별하고 흥미로운 이슈가 등장하면 함께 초상을 치르듯 상여를 떠메거나, 함께 잔치를 하듯 흥겹게 키보드를 두드린다. 함께 하는 한민족의 문화가 21세기 들어 이렇게 변모한 것이다.

2012년 12월 19일 대선과 관련해서 아직 정당별 구도 양상이 제대로 드러나지 않았다. 11월 6일 대선을 치르는 미국은 우리나라와는 사뭇 다른 양상인데, 미국은 민주당의 오바마와 공화당의 롬니가 맞붙고 있으며, 각종 여론 조사 결과, 박빙 승부인 것으로 나타났다. 아이러니한 것은 한국은 CEO 출신 대통령이 물러나는 상황이고, 미국은 CEO 출신 대통령 후보가 등장했다는 사실이다. 미국이 우리나라의 전철을 밟게 되는 것은 아닌지 그 결과가 무척 궁금하다.

뚜렷하게 정해진 것이 없는 현재의 대선 판도에서 유일하게 먼저 떠오른 박근혜에게 관심을 가질 수밖에 없는 이유는, 박근혜는 다각도로 분석할 수 있는 투명한 자료들이 있고, 뚜렷한 리더십과 세계적인 가치관을 가지고 있기 때문이다. 또한 한국의 여성 대통령 탄생이라는 핫이슈는 전 세계의 이목을 집중시키기에 충분하다. 우리나라 옛말 '삼세번에 득한다'는 표현대로, 이번에 박근혜가 대선 관문을 성공적으로 통과한다면, 박근혜가 기치로 내건 '변화 · 희망 · 미래'가 중심이 되어 한국은 새 시대, 새 정치, 새 문화를 경험하게 될 것이다.

2012년 대선에서는 보수와 진보의 가치 대립은 의미가 없으며, 국민 모두가 바라고 있는 경제 양극화 문제 해결과 1부에서 제시된 한국 내부의 위기상황들을 해결할 수 있는 준비된 대통령이 누구냐를 먼저 따져야 한다.

박근혜는 15년이라는 짧지 않은 기간 동안, 지도자에게 필요한 덕목들을 거의 완벽하게 갖추었고, 신뢰를 바탕으로 한 검증된 리더십을 발휘했다. 박근혜의 변화된 위상은 4부의 내용을 살펴보면, 좀 더 확실하게 알 수 있다.

이 책에서 필자는 그동안 편향된 시선으로 박근혜를 바라보는 일부 국민들의 의혹을 불식시키고, 대한민국이라는 일류 국가의 미래를 책임질 인물에 대한 비전을 제시하기 위해 노력했다. 본문 내용을 구분해서 살펴본다면, 1부에서는 현재 한국 정치경제의 문제점과 서민경제의 문제점이 무엇인지를 현 정부의 정책 실패와 함께 분석했으며, 2부에서는 박근혜가 표방하고 있는 대처의 영국 정치와 리더십에 대해 상세한 자료를 바탕으로 면밀하게 분석했다. 3부에서는 세계 여성 지도자들의 리더십과 미래 정치의 발전 방향 등을 박근혜의 정치적 역할과 함께 분석했으며, 4부에서는 박근혜의 정치 철학과 리더십, 정치 해법 등을 다루었다.

끝으로 필자는 독자들이 이 책을 통해 한국 정치 경제의 현실과 한국의 미래를 총체적으로 한 번 살펴보는 계기가 되기를 바라며, 대한민국의 미래를 결정하는 2012년 12월 19일이 국민 모두의 잔칫날이 되기를 바라는 심경을 고백한다.

2012년 8월 저자 김병욱 씀

목차

이 책을 내면서 · 5

목차 · 9

제1부
한국 정치경제 이대로는 안 된다 · 15

서문 · 17

1 한국의 정치와 경제 무엇이 문제인가 · 21
　경제의 정치화를 경계한다 · 21
　양극화와 포퓰리즘 · 24

2 실패한 MB노믹스 · 27

MB노믹스의 실체 · 27

역대 최저를 기록한 MB정부의 경제성장률 · 30

성장 외치며 등장한 MB정부, 5년간 위기 대응하다 퇴장 · 31

3 대통령들의 초라한 미래 · 35

'경제 대통령'의 좌초 · 35

대통령들의 위상 추락 · 38

4 국회에 국회의원이 없다 · 43

대통령들의 트라우마 · 43

누구를 위한 정치인가 · 46

국회를 감시하라 · 50

5 서민경제에 올인해야 나라가 산다 · 53

메이저리거가 된 한국경제, 누가 파이를 키울 것인가 · 53

마이너리그 서민경제, 누가 끌어올릴 것인가 · 61

제2부
대처와 대처리즘을 통해 영국의 선진정치를 배운다 · 71

서문 · 73

1 대영제국의 쇠퇴와 대처 수상의 등장 배경 · 77
　대영제국의 쇠퇴 원인은 무엇인가 · 77
　전후 합의정치의 폐해가 영국을 망쳤다 · 79
　사회주의 복지정책과 영국병의 심화 · 81

2 철의 여인 대처와 영국 정치 · 85
　마가렛 대처의 프로필 · 85
　대처의 정치 철학은 무엇인가 · 86
　위기의 영국을 살린 대처리즘(Thatcherism) · 88

3 대처리즘을 통해 알아보는 한국 정치경제의 해법 · 121

제3부
새로운 시대정치와 여성 정치인 박근혜 · 125

서문 · 127

1 여성 정치인들의 성향과 특성 · 129

여성 정치인을 통해서 본 리더십 · 129

여성 정치인의 성향과 특성 · 132

2 세계의 여성 정치인들 · 137

국가 정상에 오른 여성 정치인 · 137

국내 여성 최초로 정상에 우뚝 선 박근혜 · 139

3 미래 정치와 여성 정치인들의 역할 · 143

크리스틴 오크렌트가 그린 여성 정치인들 · 143

여성 국가원수들의 검증된 리더십 · 146

더 많은 여성 국가원수들이 등장하는 이유 · 150

세계 여성 지도자들의 탄생, 이제는 한국의 박근혜 · 151

4 새로운 한국 정치와 박근혜의 역할 · 153

박근혜의 대처 리더십 활용 · 153

박근혜의 검증된 경제 리더십 · 161

박근혜, 포용과 통합의 정치력 · 162

박근혜의 포용을 통한 통치력 구현 · 164

박근혜, 검증받은 주자로서의 인식과 MB와의 차별화 · 165

제4부
박근혜를 알면 한국의 미래가 보인다 · 169

서문 · 171

1 박근혜의 프로필 · 175
약력 · 175
성장과정 · 177

2 박근혜의 정치 철학은 무엇인가 · 181

3 박근혜의 정치 여정과 관련된 논쟁 · 185
박정희 전 대통령의 영향력과 애국주의 · 185
한국의 정치문화에 새로운 변화가능성 제시 · 187
새누리당의 조직 환경과 대통령 후보로서의 새로운 역할 · 189

4 박근혜 리더십의 성공 요인과 실패 요인 · 193
절제된 언어구사력과 이성적 태도 · 193
구체성을 지닌 여성적 가치의 발현 · 195
박근혜의 카리스마적 통치 리더십 · 203

5 박근혜의 정치경제 해법은 무엇인가 · 209
총선 결과로 분석해보는 여론의 동향 · 210
대선 주자들의 선택 · 213

경제 민주화와 국민의 행복 · 215
박근혜식 복지로 새로운 '희망'을 · 216
투명과 신뢰의 '미래' 설계 · 217
'정부 3.0시대'와 개인별 맞춤 행복 · 218

6 전문가들이 꼽은 박근혜가 대통령이 되어야 하는 10가지 이유 · 221

참고문헌 · 225

찾아보기 · 229

경제 양극화와
국가 위기 극복을 위한
차기대통령

왜 박근혜인가

1

한국 정치경제 이대로는 안 된다

왜
박근혜인가

서문

대선을 앞둔 요즘, 정치권의 최대 화두는 경제민주화와 복지다. 여야를 가릴 것 없이 대선을 관통하는 이른바 '시대정신'과 관련된 내용들이 주류를 이루고 있지만, 모든 국민들이 바라는 제대로 된 일자리 창출과 서민 경제 안정을 위한 대책들은 정치권이 간과하고 있다.

경제민주화와 복지 문제를 좀 더 세밀하게 살펴본다면, 경제민주화는 일자리 측면에서 신중하게 접근할 필요가 있다. 실제로 정치권이 영세 상인을 보호하기 위해 도입한 대형마트 규제(월 2회 강제 휴무, 밤 12시 이후 영업 제한)로 인해 대형마트 3사의 근무 인원이 3,000명가량 줄었다는 분석이 나오고 있다. 주말 아르바이트생, 주차 단속요원과 같은 일자리가 주로 사라졌다고 하는데, 중소기업과 영세 상인을 보호하겠다는 취지의 정책이 또 다른 취약계층의 일자리를 앗아간 셈이다.

고용과 복지 재원의 원천인 기업들도 지금의 경쟁력을 계속적으로 유지할 수 있을지 장담할 수 없다. 삼성전자나 현대자동차가 지금은 최대의 호기를 맞고 있지만, 앞으로의 일은 그 누구도 장담할 수 없다. 한 타이밍만 놓쳐도 세계시장에서 도태될 수 있다는 사실은 일본 소니와 핀란드 노키아의 사례만 봐도 알 수 있다. 조선, 해운, 건설 등은 이미 수년째 불황이다.

복지도 한 편만 봐선 곤란하다. 우리나라는 선진국에 비해 경제 규모 대비 복지비 비중이 낮고, 사회 안전망이 부족하기 때문에 복지를 더 늘려야 한다. 하지만, 재정 건전성을 고려하지 않고 무작정 복지를 늘렸다가는 재정위기를 겪고 있는 그리스나 스페인과 같은 처지가 될 수밖에 없으며, 그 피해는 결국 서민들이 고스란히 떠안아야 한다.

또한 우리나라 고용시장은 겉으로는 양호해 보이지만, 속으론 곪고 있다. 통계청 고용동향을 보면, 지난 2012년 6월 총 취업자 수는 2,511만 7,000명으로, 지난 1년 전보다 36만 5,000명 늘어나서 비교적 양호한 것으로 나타났다. 하지만 한창 일할 나이인 20대(3만 4,000명), 30대(7만 명), 40대(4만 명)는 모조리 일자리가 줄고, 50대(24만 6,000명)와 60대 이상(22만 2,000명)이 일자리 증가를 주도했다. 그나마 50대 이상 일자리의 상당수는 영세 자영업이거나 일용직이다. 내수 경기가 침체에 빠지면서 이들은 이미 고통구간에 진입해 있는 상태다.

일자리 문제는 전 세계적인 화두이며, 한국의 일자리 문제 또한 정부가 최우선적으로 해결해야 할 과제다. 생산적인 일자리가 늘어나야 국가경쟁력이 생기고, 서민경제가 안정되며, 국가의 미래가 보장된다.

이제 누가 어떤 정책으로 일자리를 늘리고, 누구의 돈으로 복지정책을 펼쳐야 할지 모두가 생각해 보아야 할 때이다.

1

한국의 정치와 경제
무엇이 문제인가

경제의 정치화를 경계한다

대선이 다가오면 후보자들은 개념도 불확실한 경제정책 슬로건을 내세운다. 이렇게 갑자기 내놓는 경제 정책에 대한 기업과 국민들의 반응은 싸늘하다. 우선은 그 내용이 무엇인지 확실치 않고, 투명하지 않기 때문이다. 어디로 튈지 모르는 정책들의 남발은 집권 후 엄청난 후유증을 남기게 되며, 검증되지 않은 정책의 실현이 낳은 폐단을 그동안 많이 겪어 보았기 때문에 누군가가 새로운 정책을 내어 놓으면 국민들은 불안해한다. 정책들이 구체화됐을 때 나타날 파장을 가늠하기 힘들기 때문이다.

정치적으로 그럴싸해 보이는 슬로건만 보고 부지를 사고 공장을 짓고 인력을 고용하는 등, 10년, 20년은 내다보아야 할, 막대한 자금이 들어가는 국가의 장기 계획 정책이 선심 공약으로 등장해서는 안 된다. 선거 전후 1년 동안은 투자가 위축되고, 정치적 경기변동이 야기되어 사회가 불안정해지기 때문이다.

대선 주자들은 자신들이 내놓는 경제정책의 구체적인 내용이 무엇인지, 그리고 그런 정책들이 미칠 파장은 어느 정도인지, 면밀한 검토를 거치지 않고, 경제정책을 무슨 정치적 슬로건인 양 쉽게 내건다. 이른바 경제의 정치화 현상이다.

국가경제에 엄청난 파장을 몰고 올 중요한 정책임에도 대개는 토론도, 공론도 거치지 않고 몇몇 주변 참모들에 의해 신속하게 결정된 슬로건은 소셜네트워크서비스(SNS) 등 미디어를 통해 빠르게 확산되고, 정치쟁점화 되며, 실질적인 토론은 사라지고 찬반양론으로 나뉘어 뜨겁게 이슈화된다. 그러한 정책을 내세운 후보가 집권하게 되면, 공약사항의 집행이라는 덫에 걸려 임기 내내 정부를 괴롭히게 되고, 경제에 무거운 짐을 지운다.

대표적인 예로, 노태우 정부 시절에는 모든 정책이 민주화로 통했다. 이른바 1987년 체제 이후 강성화된 노동운동에 힘입어 급등한 임금은 때마침 불어닥친 자산 가격 버블과 맞물려 한국경제의 고비용 저효율 구조를 초래해 후일 경제위기의 싹을 키웠다. 김영삼 정부 들어서도 해외순방 중 느닷없이 발표된 세계화정책 등으로 엄청난 혼란이 초래됐다. 세계화라는 것이 이미 추진되고 있던 국제화와 어떤 차이점이 있는지도 모른 채, 한국경제의 부담능력을 넘어선 급속한 개방으로 IMF 경제위기가 초래됐다.

[그림 1] 정권별 경제 성장률(단위: %)

자료: 한국은행. 2012. 7.

　　김대중 정부에서는 위기극복 과정에서 추진됐던 재벌개혁 등의 과도한 개혁과 구조조정으로 성장 잠재력이 반토막 난 가운데, 이른바 퍼주기식 대북지원으로 남남분열이 발생했으며, 카드사의 대형화와 카드 남발로 카드 대란을 키웠다. 노무현 정부에서는 재벌과 비재벌, 강남과 비강남, 수도권과 비수도권 등의 편 가르기 속에서 추진된 국토균형발전 정책으로, 20여 개 신도시 건설 등 전국을 건설 광풍으로 몰아넣으면서 엄청난 토지보상금과 전국적인 지가 상승을 부추겼다. 출범 초기에 성장률 회복과 일자리 창출 등 친 기업정책을 내세웠던 이명박 정부는 지방선거와 총선을 거치면서 친 서민정책으로 방향을 선회했는데, 오히려 1,000조원이 넘는 사상 최대의 가계부채 급증, 부동산경기 장기침체 등으로 서민들을 울렸다.

　　이는 정권별 성장률 추이를 통해 뒷받침되는데, 전두환 정부의 경제 성장률 10.0%에서, 노태우 정부 8.7%, 김영삼 정부 7.4%, 김대중 정부 5.0%, 노무현 정부 4.3%, 이명박 정부 3.1%로 성장률이 계속 하락했다.

이처럼 경제의 정치화로 정권이 바뀔 때마다 변하는 경제정책 환경 속에서 기업투자가 활성화되고, 성장률이 늘고, 일자리가 창출되기를 기대하는 것 자체가 무리다.

양극화와 포퓰리즘

2012년 12월 19일. 18대 대통령 선거라는 새로운 선택을 앞두고 한국은 전 세계적으로 일고 있는 두 개의 거센 파도에 휩싸여 있다.

그 중의 하나는 공산권 몰락 후에 나타난 신자유주의 물결을 타고, 글로벌화가 가속도를 내면서 극심해진 양극화 현상이며, 또 다른 하나는 붕괴되어 가고 있는 남유럽과 몰락의 길을 걸어온 라틴아메리카에서 불거진 복지 남발과 포퓰리즘이다.

지난 2011년 월가에서 시작되어 전 세계로 확산됐던 'Occupy 99' 운동은 사회경제적 양극화에 대한 분노의 표출이었다. 'Occupy 99'는 부유한 1%를 위해 만들어진 사회구조를 가난한 99%를 위해 뜯어고쳐야 한다는 강력한 사회적 여론이다.

한국도 1997년 외환위기가 진행된 후 시장개방이 가속화하면서 양극화 현상이 심해졌다. 정규직과 비정규직, 대기업과 중소기업 간의 격차가 벌어지면서 중산층이 붕괴됐고, 미약한 사회안전망 속에서 수년째 자살률이 세계 최고 기록을 세우고 있다.

10%의 하위 소득권 월 평균 소득은 1998년 38만 2,000원에서 2010년 59만 9,000원으로 56.8% 늘어난 데 비해, 상위 소득권 10%

는 165만 8,000원에서 328만 9,000원으로 98.4%나 급증했다. 중위권 소득자의 절반에도 못 미치는 소득자의 인구비중인 상대적 빈곤율은 1997년 8.7%에서 14.9%로 치솟았다.

전문가들은 신자유주의가 시장 전체의 파이를 키우는 데는 효과적이었지만, 분배균등을 추구하는 데는 실패했다고 지적한다. 반면, 남유럽은 과도한 복지로 붕괴되고 있으며, 남미의 상당수 국가들은 포퓰리즘의 굴레에서 벗어나지 못하고 아직도 헤매고 있는 실정이다.

유럽의 경우, 통화만 통합이 되고 재정은 통합되지 않은데 따른 부작용을 고려한다고 하더라도, 재정에 비해 과도한 복지와 방만한 시스템이 빚어낸 고통은 타산지석의 표본이 될 수 있다.

남미의 상당수 국가에 불어닥친 포퓰리즘 바람은 급격한 인플레이션과 함께 실업률 증가, 실질임금 하락으로 끝이 났다. 입만 열면 평등을 말하고, 대중을 결집시키기 위해 부유층을 공격하고, 걸핏하면 국민투표에 의지하는 정치로 인해, 남미의 많은 나라들이 파멸의 길을 걸었다.

우리나라에서도 지난 2011년 12월 국회에서 통과된 0~2세 무상보육법이 시행되었는데, 전국 지방자치단체 중 서울의 서초구가 가장 먼저 예산이 바닥났다. 송파·강남구 등도 2012년 8, 9월이면 예산이 고갈될 것으로 예상되며, 이는 전국 지자체로 확대될 것이다. 무상보육은 무상급식과 함께 급조된 포퓰리즘이 남의 문제가 아니라는 것을 보여준다.

출판업계에서도 경제·사회 분야의 신간 주류가 이 같은 문제점을 지적하고 있다. 신자유주의에서 비롯된 양극화와 포퓰리즘을 극복하는 것이 시대의 과제요, 정의가 되어가고 있다.

이와 관련해서 세계의 석학들 중 상당수는 자본주의와 공산주의를 모두 경험한 한국이 포퓰리즘의 해결 방향을 제시해줄 것으로 기대하고 있기도 하다. 프랑스의 자크 아탈리는 "한국이 인구저하와 북한 문제를 잘 극복하면 머지않은 시기에 아시아 최대의 경제국이 될 것"이라고 했다.

결국, 새로운 경제모델로 부상한 한류의 바람을 이어가려면, 핵심 리더가 절실히 필요한 상황인데, 슬기롭고 영리한 국민들은 어떤 대선 주자가 정답을 내놓을지 유심히 살피고 있다.

2013년에는 유럽의 채무위기 심화, 증세·지출삭감에 발목 잡힌 미국, 중국 경제의 경착륙, 신흥국 경제 침체, 금수조치 중인 이란과의 군사대치 심화 등이 한꺼번에 몰아닥치며, '퍼펙트 스톰'이 올 것이라는 걱정이 커지고 있다.

하지만 한국은 세계 역사에서도 유례가 없을 정도로, 매우 짧은 기간에 산업화, 정보화에 성공한 나라다. 반드시 위기에 대처할 만한 해법을 내놓을 수 있을 것이다.

이제 대선 주자들은 성장과 복지를 어떻게 조화시켜야 할지 심각하게 고민하고, 국민과 소통하기 위해 끊임없이 노력해야 한다.

2

실패한 MB노믹스

MB노믹스의 실체

2007년 출범한 MB정부의 핵심 공약은 '747'(연 7% 경제성장률, 국민소득 4만 달러, 7대 강국 진입)이었다. 이를 위해 금산분리 완화 등 각종 대기업 관련 규제를 풀어주고, 고소득층의 세금을 깎아주는 한편, 고환율·저금리 정책으로 수출 제조업을 뒷받침했다. 그러나 대기업 위주 성장전략의 후유증은 심각했다. 성장 이익이 일부 대기업에만 쏠리면서 양극화는 더욱 심해졌고, 서민들은 고용 부진과 물가 급등에 신음해야 했다. 결국 새누리당(옛 한나라당)조차 "차기 정부는 이명박 정부의 MB 노믹스와 차별화를 시도할 수밖에 없다"며 담을 쌓았다.

MB노믹스는 '비즈니스 프렌들리'로 이룬 대기업의 성장 이익이 중소기업과 서민에까지 확산되는 '낙수 효과'를 기대했다. 하지만 '7% 성장'을 이루겠다는 공약부터 삐걱대기 시작했다. MB정부가 들어선 이후의 평균 경제성장률은 3.1%로, 글로벌 금융위기를 감안하더라도 초라하기 이를 데 없는 성적이다. '국민소득 4만 달러'라는 목표도 물 건너갔다. 지난 2011년 1인당 국민총소득(GNI)은 2만 2,500~2만 3,000달러에 머물렀는데, GNI 증가율은 2.2%로, 이는 김영삼 정부(6.5%)의 1/3 수준에 불과하며, 노무현 정부(3.4%) 때보다도 낮다. GDP(1조 5,540억 달러, 2011년 기준)를 기준으로 했을 때는 세계 12위로, '7대 강국 진입'은커녕 2007년 순위에서 불과 한 계단 올라서는 데 그쳤다.

반면, 소득분배의 불균형 수치를 보여주는 지니계수(1에 가까울수록 불평등)는 MB정부 들어 0.293을 기록해서 지난 정부(0.281) 때보다 크게 악화됐다. 전체 실업률은 3.2%로, 참여정부(3.5%)에 비해 다소 개선됐지만, 고용 효과가 큰 제조업의 고용 부진이 만성화되고, 청년실업이 고공행진을 계속하는 등 고용의 질은 더욱 나빠졌다.

[표 1] 747공약 성적표

목표	2012년 현재	목표치 대비 점수	특징
임기 중 연 7% 성장률	3.1%(이명박 정부 4년 평균)	44.3	• 747공약의 양극화, 물가급등의 원인 • 7% 성장 위해 수출 대기업 위주 지원, 결국 3.1% 성장에 그침. • 타협에 실패, 국론 분열, 지역 갈등을 부름.
10년 내 국민소득 4만 달러	2만2,500~ 2만3,000달러 (2011년 추산)	57.5	
7대 강국 도약	GDP 세계 12위 (2007년 13위)	58.3	
평균		53.4	

자료: 기획재정부. 2012. 2.

MB정부 내내 서민 가계를 괴롭혔던 물가 급등의 원인도 747 공약에서 찾을 수 있다. 정부는 글로벌 금융위기를 벗어나기 위해 대규모 추경예산을 밀어붙이는 한편, 대외불안을 이유로 팽창정책을 고수했다. 그 결과 통화정책 기회를 잃었다는 비판 속에 지난 2011년 소비자물가는 4%대로 치솟았다.

이로 인해 MB노믹스는 "총체적인 정책 실패"라는 딱지를 붙이게 되었다. 결국 이러한 실패의 원인은 부자 감세, 규제 완화 등 MB정부의 대표적인 경제정책들이 공정하지 못했고, 공생의 길을 열지 못했기 때문이다.

특히, MB정부는 동남권 신공항, 과학비즈니스벨트 등 굵직한 지역 공약사업을 내걸고 출범했다. 하지만 경제성 평가 등에 기초한 구체적 플랜이 없었던 데다 컨트롤타워마저 부재했다. 그러다 보니 지역 간 갈등을 조정하고 관리하기는커녕 원칙 없이 끌려다니는 모습만 연출하다 사업을 접는 경우가 많았다. 지역 공약의 잇단 좌초는 MB정부의 정국 장악력을 급속히 약화시킨 요인으로 작용했다.

2007년 대선공약에 포함된 동남권 신공항 사업은 대표적인 실패작으로 꼽히는데, 이명박 대통령이 2009년 타당성 조사를 거쳐 신공항 건설 지역을 발표한다고 선언한 이후, 후보지가 경남 밀양과 부산 가덕도로 좁혀지면서 치열한 유치전이 벌어졌다. 그러나 MB정부는 2010년 6월 지방선거에 미칠 파장을 우려해 네 차례나 발표를 연기했고, 결국 지난 2011년 3월 "경제성이 없다"며 사업을 백지화했다. 그 후유증은 매우 컸다. 여당의 텃밭인 영남에서 반정부 집회가 벌어지고 수도권과 호남에서 역차별 우려가 제기되는 등 전국이 사분오열했다.

이 대통령은 충청권을 한국의 실리콘밸리로 조성하겠다며 과학비즈니스벨트를 대선 공약에 담았다. 이를 위해 2008년 9월 과학벨트 추진지원단이 설치되고, 2010년 12월 과학벨트 특별법이 통과됐다. 하지만 약속했던 충청권 입지가 명시되지 않자 불만 여론이 치솟기 시작했다. 급기야 이 대통령은 2011년 2월 신년방송좌담회에서 "공약집에 있던 내용이 아니다. 과학벨트는 과학자들이 결정할 몫"이라며 말을 바꿔 충청권의 거센 반발을 샀다.

MB정부는 LH(한국토지주택공사)의 진주와 전주 분산 배치 약속도 지키지 않았다. 2005년 결정대로 따르겠다고 거듭 다짐했으나, 지난 2011년 진주로 일괄 이전을 발표해 원성을 나왔다.

역대 최저를 기록한 MB정부의 경제성장률

'성장'을 경제 정책의 최우선 과제로 내세웠던 MB 정부는 역대 정권 최저 성장률이라는 성적표를 남겼다. 이는 지난 2012년 6월 28일 발표한 '2012년 하반기 경제 정책 방향'에서 정부가 전망한대로, 성장률 3.3%를 기록하고, 현 정부 집권 5년간의 평균 성장률이 3.2%에 그침으로서, 정부 수립 이래 최저치로 기록되었다.

현 정부의 경제성장률을 끌어내린 직접적인 원인은 미국에 이어 유럽으로 번진 글로벌 경제 위기였다. 정부는 경제 운용을 발표하면서 유럽 재정 위기 등 대외 여건 악화로 경제 회복이 늦어져 성장 전

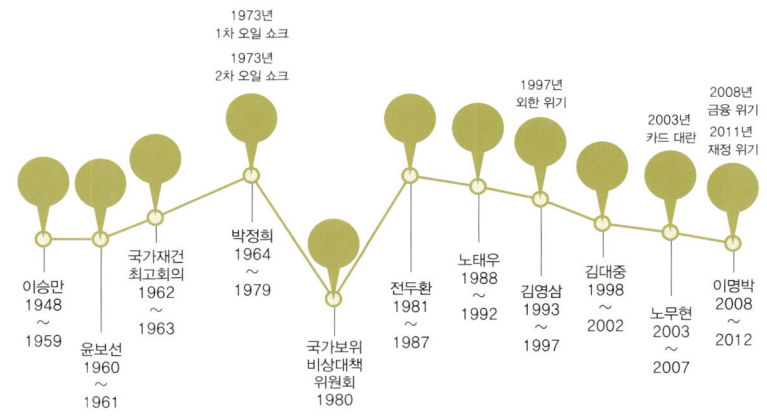

[그림 2] 역대정권 평균 성장률(단위: %)

자료: 한국은행. 2012.6.29.
※성장률 통계는 1953년부터 작성 시작, 이승만 정권은 1953~1959년 성장률 평균 수치, 집권 기간 성장률의 산술평균을 낸 것임.

망치를 낮췄다고 밝혔다.

우리나라가 세계경제 위기 속에서 다른 선진국들에 비해 상대적으로 양호한 성장을 한 것은 사실이다. 노무현 정부 당시 5년 내내 경제성장률이 세계 평균을 밑돈 것과는 대조적이다. 그러나 위기 대응을 하느라 근본적인 경제 체질 개선에 성과를 내지 못한 것은 문제로 지적된다. 이에 따라 차기 정부는 다시 성장 잠재력을 끌어올리기 위한 경제 운용의 근본적인 변화를 모색해야 한다.

성장 외치며 등장한 MB정부, 5년간 위기 대응하다 퇴장

현 정부는 집권 초 '7% 성장이 가능한 경제'를 모토로 내세웠다. 많은 이가 터무니없다고 했지만, 성장을 중시하자는 취지에는 공감하는 경제전문가가 적지 않았다. 즉, 훼손된 성장의 가치를 되살리자는 주장은 설득력이 있었다. 그러나 이런 목표는 2008년 글로벌 위기가 터지면서 좌초되기 시작했다. 정부가 온 신경을 위기 방어에 쏟는 사이, 우리 경제의 연도별 경제성장률은 천문학적인 경기 부양책이 효과를 봤던 2010년을 빼곤 줄곧 4%를 넘지 못했다.

우리나라의 경제가 2년 연속으로 4% 이하의 성장률을 기록한 것은 경제 개발 5개년 계획이 시작된 1960년대 이후, 현 정부 들어 처음(2008~2009)이었고, 2011년에 이어 2012년에도 3%대의 성장을 기록하는 현상이 벌어졌다.

이것은 1980년에 2차 오일 쇼크가 발생했을 때 −1.9%, 1998년 외환 위기 당시 −5.7%, 2003년 카드 사태 때 2.8%를 기록한 것과는 대조적인 것으로, 세 차례의 경제성장률 저하가 다음 해에 곧바로 빠른 성장세로 돌아선 것에 비해 MB정부의 경제성장률 저하는 연속적이었다는데 문제가 있다.

절대 성장률 성적표는 최악이었지만, 우리 경제의 위기 대응은 성공적이었다는 평가가 많았다. 경쟁 대상인 선진국과 비교해 보면 우리나라의 지난 5년은 나쁜 게 아니라, 선방에 가깝다. 우리나라의 지난 5년 평균 성장률은 일본(−0.2%), 미국(0.6%), 독일(0.6%), 이탈리아(−1.3%)보다 높고, 대만(3.5%)과 비슷한 수준으로, 세계 평균 성장률(3.0%)보다도 높다. 결국 우리나라의 경제성장률이 낮은 것으로만 평가하긴 어렵다는 얘기다. 8개월 넘게 40만 명 이상씩(전년 동

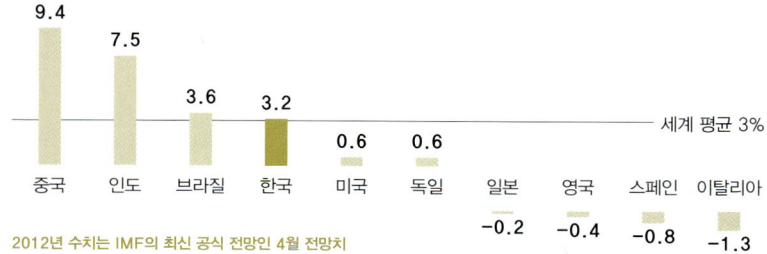

[그림 3] 주요 국가 경제성장률(단위: %, 2012년 기준)

자료: IMF(국제통화기금). 2012.6.

월 대비) 증가하고 있는 고용지표와 2012년 들어 2%대에서 안정세를 보이고 있는 물가 역시 다른 나라에 비해 지표상으로는 건전하다고 평가할 수 있다.

이처럼 위기에는 잘 대처했지만, 문제는 남는다. 우리나라 경제는 지난 5년의 기간 동안 급격한 고령화에 제대로 대처하지 못했고, 산업 구조 재편 등과 같은 체질 개선도 하지 못했다. 서비스산업 선진화나 교육·의료 개혁, 급격한 노령화 대비 등에서 성과를 내지 못한 것에 대해 국민 모두가 아쉬워하고 있다.

왜
박근혜인가

3

대통령들의 초라한 미래

'경제 대통령'의 좌초

지난 2007년 대통령선거에서 이명박 후보는 '경제대통령'을 다짐했고, 그런 만큼 많은 민생 공약들을 제시했다. 하지만 저신용자 신용회복 등의 일부 성과를 제외하고는, 실질적으론 서민들의 기대수준에 크게 못 미쳤다는 평가가 지배적이다.

일반 국민들이 무엇보다 가장 기대했던 건 '서민 주요생활비의 30% 경감'공약이었다. 이를 위해 유류세 10% 인하, 통신비 20% 이상 인하, 사교육비 50% 경감, 치매·당뇨 등 노인성 만성·중증질환 약값 정부부담 등을 약속했지만 지켜진 건 별로 없다.

통신비의 경우 20% 인하는 고사하고, 겨우 기본료 1,000원 인하에 공짜 문자메시지 몇 통으로 끝나고 말았다. 유류세 인하도 집권 초 국제유가가 폭등하자 일시적으로 시행되다 곧 원상 복구됐다. 정부는 대신 정유사들에게만 무리하게 기름 값 인하를 요구하다 이마저도 지금은 흐지부지된 상태다.

사교육비를 줄여주겠다는 공약은 결과적으로 거꾸로 갔다. 월 23만 원 선이었던 1인당 사교육비가 24만원으로 오히려 소폭 오른 것으로 나타났다. 교육 전문가들은 "집권 초 학생 간의 경쟁을 유도하는 수월성 정책을 펴면서 사교육비를 대폭 줄이겠다는 발상 자체가 모순이었다"고 지적했다.

반값 등록금은 2007년 한나라당의 공식 대선 공약집에는 빠져 있지만, 많은 대학생들과 학부모들은 이명박 정부가 해결해줄 것으로 믿고 있었다. 2011년 정치권에서 불이 지펴져 반값까지는 아니더라도 최소 두 자릿수의 인하는 달성되리란 기대에 부풀었지만, 2012년 대학등록금을 2~3%가량 떨어뜨리는 선에서 끝이 났다.

매년 주택 50만호를 보급한다는 공약 또한, 2008년부터 2010년까지 3년 연속 40만호에 미달했다가 2011년에는 55만호 인허가가 한꺼번에 이뤄지면서 목표에 근접하는 수준(연평균 42만호)에는 도달했다. 그러나 "전용면적 80m² 이하 주택은 정부가 책임지고 공급하겠다"는 공약이나, "신혼부부 주택을 매년 12만호 보급하겠다"는 공약은 달성이 거의 불가능한 상태다.

'반값 아파트'로 불린 보금자리주택 공약은 주변 아파트 가격상승을 억제하는 등 일부 효과를 보기도 했지만, 최초 목적인 서민주거 안정 달성에는 실패했다는 평가가 일반적이다. 시민단체 '나눔과 미래'의 사무국장은 "원래 임대 물량으로 예정돼 있던 것을 분양으로 바꾼 것"이라며 "오히려 전세폭등을 야기한 임대주택 부족현상의 원인 중 하나"라고 말했다.

성과를 낸 부분도 있다. 특히 저신용자 신용회복 정책에서는 꽤 많은 제도가 소개됐고, 소상공인과 전통시장 보호를 위한 대형 유통업체 규제 정책도 2011년부터 속도를 냈다.

신용등급 7~10등급에 해당하는 저신용자 720만 명의 신용회복과 관련된 공약 중에서 신용회복기금 설치, 대부업체 채무를 저리로 갈아탈 수 있는 환승론 출시 등이 실현됐고, 미소금융, 희망홀씨대출 등 저신용자 대출지원 대책이 추가로 나왔다. 하지만 현 정부가 전세자금, 집값, 대학생 등록금 등 서민들의 생활비를 '대출'을 통해 해결하려고 하다 보니 가계부채가 급증했으며, 빚을 얻어 생활자금을 해결해야 하는 상황에서 저신용자에게 지원을 하는 것은 악순환을 되풀이하는 정책에 불과했다.

특히 이명박 대통령의 지난 5년 전 모습을 떠올려 보면, 세월의 무상함을 느낄 수밖에 없다. 5년 전 그는, 갖은 네거티브 전략에도 끄떡도 하지 않는 견고한 지지를 누리고 있었다. 그에게 걸었던 기대감은 무엇보다 경제적 번영이었다. 현대건설 사장으로, 경제개발 시대의 주역이었다는 그의 경력이 이러한 기대감을 갖게 했는데, 그런 점에서 그는 당시 일었던 이른바 '박정희 신드롬'의 최대 수혜자였다. 실제로 이명박 후보는 박정희 대통령을 연상시키는 검은 색안경까지 끼고 다녔고, 박정희 시대의 경제성장 신화를 재연해 내겠다고 했다.

당선 이후 이명박 대통령의 통치 스타일도 박정희 시대를 연상케 하는 경우가 많았다. 수출 증대를 통한 성장이 경제 정책의 기조였고, 실제로 환율 조정을 통해 수출 확대를 지원했다. 심지어 이 대통령이 직접 무역투자진흥회의를 주재했는데, 박정희 정권 때의 수출진흥확대회의를 모방했다는 지적도 많았다. 또한 토건 사업인 4대강 프로젝트에 23조원이라는 어마어마한 규모의 예산을 지출했다. 그러나 기대와는 달리 수출 증대로 인한 이른바 '낙수효과(trickle down effect)'는 일어나지 않았고, 사회의 양극화 현상은 더욱 심해졌다. 대규모 토건 사업에도 불구하고 고용은 늘지 않았고, 표현의 자유가 규제를 받으면서 정치적 소통에도 문제가 생겨났다. 결국, 이명박 대통령에 대한 지지도는 곤두박질쳤다.

대통령들의 위상 추락

이명박 대통령의 위상 '추락'은 어디까지일까? 현직 판사가 '가카새끼'라는 말을 거리낌 없이 내뱉는 사태에까지 이르렀다는 것은 우리나라 국민의 정서상 보통 심각한 문제가 아니다. 전직 대통령들이 비슷한 상황을 겪었지만, 이 정도는 아니었다. 도대체 무엇을 얼마나 잘못했기에 이 지경에까지 이르렀을까. 민주화 이후 대통령들의 공과(功過)를 통해 비교해보면 보다 확실한 사실들을 알 수 있다.

김영삼 대통령의 가장 큰 업적은 군(軍)의 정치적 개입을 차단한 것과 금융실명제를 실시한 것이었다. 하나회가 붕괴된 후 우리 정치에서 군은 더 이상 변수가 되지 못했고, 금융실명제는 '차떼기'와 '돈

[그림 4] 역대 정부 경제업적지수 및 정부별 주요경제지표

자료: 통계청, 한국은행. 2012. 7.

봉투'의 실체를 밝히는 데 기여했다. 그러나 그 밖의 업적은 초라했으며, 외환위기라는 심각한 오점을 남겼다. 측근 관리도 부실했다.

김대중 대통령은 김영삼 정권으로부터 물려받은 외환위기를 극복하고, 우리나라의 경제를 다시 정상 궤도에 올려놓는데 성공했다. 김대중 대통령에게 노벨평화상을 안긴 남북 화해 모드는 지나치게 많은 돈을 들여 얻어낸 결과라는 비난은 있지만, 냉전 중에 있는 한반도의 남북 지도자들이 마주했다는 사실만으로도 역사적 의미가 큰 일대의 사건이었다.

그러나 퍼주기로 끝난 채찍 없는 당근 일변도의 대북정책은 한국 사회에 엄청난 부작용을 몰고 왔고, 김대중 대통령의 임기 중에 새로운 발판을 마련한 종북주의 세력은 현재까지도 그 위세를 떨치고 있다. 또한 외환위기에 대처하는 과정에서 빚어진 여러 의혹들과 관련해서 김대중 대통령은 죽어서도 자유롭지 못하다.

노무현 대통령은 한국 정치사에서 가장 독특한 대통령으로 기억될 것이다. 내세울 만한 배경도, 물질적으로도 풍요롭지 못했던 서민 대통령이란 사실이 그가 국민들에게 준 선물이다. 가진 것이 별로 없는 사람도 대통령이 될 수 있다는 희망은 주었지만, 그는 우리 사회의 고질병인 분열을 완화시키는 것이 아니라, 오히려 심화시키는 오류를 범했다. 만약 그가 '코드 정치'를 하지 않고, 모두가 함께 하는 통합의 정치를 했다면, 지금 우리 사회의 모습은 많이 달라졌을 것이다. 임기 말에 국민들에게 무시를 당했던 그가, 사후에 젊은 세력들을 결집시키는 구심점이 된 것은 참담한 우리 정치계의 또 다른 현실이다.

이명박 대통령의 경우는 더욱 심각하다. 2007년 대선 당시 이명박 후보에게 표를 준 유권자들이 가장 원한 것은 경제 문제의 해결이었다. 하지만, 이명박 대통령 임기 중에 서민들의 생활은 날로 어려워졌고, 그의 말 바꾸기에 지친 국민들은 더 이상 그를 바로 보지 않았다. 물론 서민들의 경제 위기가 유독 이명박 대통령의 잘못만은 아니다.

2008년에 촉발된 세계적인 경제위기 상황과 경제의 세계화 과정에서 벌어진 경제의 양극화 현상은 세계의 모든 나라에 공통적으로 적용된 어려움이다. 그렇지만 기업인으로서의 근성이 몸에 밴 대통령의 일관성 없는 경제정책은 국민들이 대통령의 자질을 의심하게 되는 계기를 만들었다. 또한 이명박 대통령은 집권 중에 인사관리를 제대로 하지 못했고, 자기 관리 측면에서도 심각한 오류를 범했다. 그 이전부터 따라다니던 여러 의혹은 인척과 측근의 비리로 실체화되었고, 내곡동 사저 사건은 사재를 환원한다는 좋은 취지의 결단까지도 국민들이 의혹의 눈길로 청와대를 보게 만들었다.

하지만, 무엇보다 이명박 대통령의 가장 큰 문제는 측근세력을 관리하지 못하는 대통령의 도덕성에 있었다. 20~30대의 젊은이들은 더 이상 이명박 대통령을 한 나라의 지도자로 인정하지 않았다. 결국 엄청난 안티 세력이 등장했고, '고소영' 인사로 시작된 일련의 사태들은 광우병 파동을 증폭시키면서, 이명박 정권을 계속적으로 괴롭혔다. 안티 세력들은 이제 대통령이 하는 일이면 무조건 반대하는 데까지 이르렀고, 노무현 정부가 시작한 한·미 FTA까지 극렬하게 반대했다. 다수의 국민이 민주적으로 선출한 대통령의 권위를 부정하는 안티 세력의 등장은 이제 세대 갈등을 조장할 정도로 심각한 상황으로 발전했다.

국민들이 대통령을 가볍게 보기 시작한 것은 사실 노무현 정부 들어서다. 노무현 대통령은 사소한 일들도 직접 나서서 해명하고, 매스컴 문화를 즐겼다. 트집 잡기를 좋아하는 사람들로 인해 대통령은 국민들의 입에 안주거리로 등장하게 되었고, '놈현', '노구리' 같은 적나라한 표현들이 난무하게 되었다. 이명박 정부 들어서는 '쥐××', '가카새끼' 등과 같은 적나라한 욕설까지 등장했다. 결국 대통령에 대한 끊임없는 인신공격은 최고 지도자에 대한 후세대의 긍정적인 시각까지 방해하고 있다. 여기에 더해 현 정부의 잘못을 확대하고, 오판하게 만들어서 자신들의 정권을 새우려는 정치 세력들은 어떻게든 정부가 하는 일을 방해해서 '실패한 정권'이라는 낙인을 찍어 정권을 빼앗으려 하고 있다.

4

국회에 국회의원이 없다

대통령들의 트라우마

어느 정부든 집권 마지막 해에는 강한 유혹을 느끼기 마련이다. 팽창적 재정·통화 정책을 통해 경제성장률을 최대한 높이는 게 정권 재창출을 위해 유리하다는 통념이 있다. 지난 정부에 대한 평가가 시간이 흐르면 각종 경제지표에 의해 이뤄진다는 것을 권력자들은 잘 알고 있다. 이로 인해 대개의 집권 권력은 선거를 앞두고 총수요를 인위적으로 조정하려는 경향을 보인다. 그런데 외견상 이명박 정부의 경제 관료들은 뜻밖에도 자제하는 양상을 보이고 있다. 2012년 5월 1일 발표한 '1분기 경제 점검과 정책 대응 방향'에서 현 정부는 "세계 경제 여건이 어려운 상황에서 국내 경기 흐름만 인위적으로 대폭 개선하는 것은 가능하지도 않으며, 자칫 부작용을 초래할 염려가 있다"고 스스로 못을 박았다.

요즘 정부가 강조하는 키워드는 정책 여력 비축과 재정건전성 강화다. 경기 부양이란 단어는 아예 사라졌고, 그 자리를 미세조정(fine tuning)이 차지했다. 물론 이 같은 기조의 배경에는 이명박 정부의 트라우마도 깔려 있다. 다름 아닌 물가다. 주요 국가들이 실업률 걱정을 하는 동안 한국은 물가에 몸서리를 쳤고, 정부의 인기가 추락한 최대 원인이 됐다.

지금 정부 고위 관료들은 너나 할 것 없이 물가 상승률 제어를 남은 기간의 최대 과제로 꼽는다. 실제로 이명박 정부의 경제업적지수가 김대중, 노무현 정부에 비해 낮은 이유도 물가 탓이 크다. 경제업적지수는 분자인 경제성장률이 높거나 분모인 고통지수(소비자물가 상승률+실업률)가 낮을수록 상승한다. 저성장, 고물가, 대량실업 등이 발발하면 대통령의 경제업적지수가 급락하는 셈이다.

정부별로 집권 기간 중의 경제업적지수 평균을 보면 김대중 정부가 82%로 가장 높고, 노무현 정부가 68.9%, 이명박 정부가 지난 4년 평균으로 44.1%를 기록했다. 김대중 정부의 점수가 높은 것은 외환위기 당시 바닥 상황에서 시작했기 때문이며, 이로 인해 높은 성장률을 달성할 수 있었다. 평균 경제성장률은 김대중 정부 5%, 노무현 정부 4.3%로, 이명박 정부의 3.1% 성장률보다 높았다.

반대로 소비자물가 상승률은 이명박 정부 3.6%, 김대중 정부 3.5%, 노무현 정부 2.9% 순이었다. 평균 실업률은 이명박 정부가 가장 낮았다. 김대중 정부는 외환위기의 충격을 딛고 높은 성장률을 기록했기 때문에 꼴찌를 면했다. 물론 과도하게 민간소비를 자극하면서 신용카드 사태를 불렀다는 비판이 있다. 실제로 가계부채 증가율의 경우 김대중 정부가 17%로 가장 높았고, 노무현 정부 8.7%, 이명박 정부 8.2% 순이었다.

노무현 정부의 경우에는 다른 두 정부에 비해 글로벌 위기를 겪지 않았기 때문에 실업률과 물가 모두 안정적으로 관리됐다.

결과적으로 현 정부의 지표상 업적지수가 낮은 것은 저성장과 고물가 탓이다. 두 차례 글로벌 위기를 넘겼지만, 지난 2011년 말 기준으로 900조 원을 넘어선 가계부채(912조 원)와 884조 원에 달하는 정부·공공기관 부채가 성장 저해 요인으로 작용했다. 특히 물가에 발목이 잡혔는데, 금리 인상을 통한 물가 관리에 나서야 할 시점을 놓친 게 원인으로 지목되고 있다.

이 가운데 저성장은 2008년 글로벌 금융위기와 2011년 재정위기라는 두 차례의 외부 쇼크에 의한 것이기 때문에 불가피했다는 게 중론이다. 오히려 다른 선진국들에 비해 성장률이 높았는데, 글로벌 위기관리라는 측면에서 정당한 평가가 필요한 대목이다. 하지만 물가 상승률의 경우, 고유가 등 외부 영향을 감안해도 국내 유통 시장의 구조적 문제를 빨리 해결하지 못한 측면이 있다는 비판에서 자유롭지 못하다.

따라서 이명박 정부는 이른바 경제업적지표를 구성하는 3대 요소인 성장률, 실업률, 물가 상승률 가운데, 남은 임기 동안 물가 상승률을 낮추는 데 전력을 다하는 쪽으로 방향을 잡은 것 같다. 실업률은 더 이상 낮추기 어렵고, 인위적인 성장률 높이기는 오히려 물가 상승을 부추길 염려가 있기 때문에 선택하기가 어렵다. 하지만 일각에선 여전히 적극적인 부양책의 필요성을 강조하기도 한다. 정부는 지난 2011년에도 경기 흐름을 예상했다. 하지만 실제로는 반대 양상이 나타났다. 하반기 성장률이 더 낮았던 것이다.

누구를 위한 정치인가

최근 정치권에는 때 아닌 경제 살리기와 복지논쟁이 한창이다. 2012년 총선에서 경제와 복지를 최대 쟁점으로 삼았으며, 여당 야당 모두 경제 살리기와 보편 복지에 대해 맞춤형 복지로 맞불을 놓았다.

여야 정치지도자들이 왜 갑자기 경제 살리기와 복지정책을 들고 나온 것일까? 그 이유는 단순하다. 국민 모두의 관심을 끌 수 있는 정책이기 때문이다. 세계적으로도 국민의 삶의 질 향상은 큰 경제, 큰 복지 정책을 통해 이루어져 왔다. 경제발전과 고용창출이 저소득층 복지개선의 최선의 수단이기 때문이다.

1960년대 초의 보릿고개, 극심한 실업난, 도농(都農)격차의 문제 등도 경제발전과 고용이라는 큰 복지를 통해 해결되었으며, 소득 재분배라는 작은 복지로 해결된 것이 아니다. 하지만 현재의 정치인들은 큰 복지 정책은 세우지 않고, 작은 복지 정책만을 가지고 국민들의 관심 끌기에 바쁘다. 작은 복지정책이 국민의 눈을 끌기 쉽고, 선거전략에 도움이 되기 때문이다.

복지는 대단히 중요한 국가과제이고, 정부의 목표 또한 국민 경제와 국민의 복지 향상에 있다. 국민복지는 크게 두 갈래로 나뉜다. 하나는 큰 복지이고, 다른 하나는 작은 복지다. 큰 복지란 경제발전과 고용창출인데, 이를 통해 국민의 삶의 질을 전체적으로 높이는 것을 의미한다. 또 다른 하나인 작은 복지는 무상급식과 같은 소득 재분배 정책으로 일단 경제발전과 고용을 통해 창출된 국민소득에 세금을 부과하고, 이 세금을 어려운 사람들에게 나누어 주는 정책이다.

오늘날 대한민국의 큰 복지 정책은 경제발전을 통한 선진화다. 대한민국의 선진경제 진입이 최대의 국민복지이며, 그것이 이루어져야만 청년실업과 노인 실업 문제, 중산층의 몰락과 양극화의 문제도 확실하게 풀 수 있다. 작은 복지는 어려움의 일시적 완화이지 완전한 해결책이 아니다.

또 하나의 문제는 북녘 동포들에게 최소한의 인간다운 삶을 보장하는 민족경제와 민족 복지의 문제이다. 우리 민족의 삼분의 일이 속해 있는 북한은 1인당 국민 소득이 500달러도 안 되는 절대 빈곤 국가이다. 영양실조로 인한 기아 인구가 약 750만 명으로, 전 인구의 30%를 넘는다. 청소년들의 평균 키는 남한보다 15cm나 작으며, 이는 아시아에서 가장 낮은 신장이다. 아사자까지 속출하고 있는 비참한 민족 현실을 눈앞에 두고, 우리나라 정치는 우리끼리 나누어 먹는 작은 복지 싸움만 부추기고 있다. 당리당략으로 언쟁만 높일 뿐, 국회가 국민들로부터 외면을 당하고, 존경받는 국회의원이 드물며, 식물국회로 국회가 파행이 되는 것 또한, 서로에게 책임을 전가하는 네 탓 내 탓 공방 때문이다.

부자 급식을 할 돈이 있다면 통일 기금으로 전환해야 하고, 개혁 개방을 통해 북한에도 최소한의 민족복지가 실현될 수 있는 정책을 복지 정책에 포함시켜야 한다.

통일을 통해 민족복지 문제를 풀고, 선진화를 통해 국민복지 문제를 풀고, 재분배를 통해 서민복지 문제를 풀어야 한다. 모두가 중요한 문제이지만 일에는 선후와 경중이 있다. 통일과 선진화라는 큰 복지가 앞서 나가야 하고, 재분배라는 작은 복지가 뒤따르면서 보완적 기능을 해야 한다.

우리나라는 아직도 갈 길이 멀다. 아직까지도 분단국이고, 북녘에는 기아와 절대빈곤이 도사리고 있다. 또한 현실적으로는 아직 중진국 대열에 속해 있으며, 무엇보다 어려운 서민들이 많다. 먼저 선진과 통일 국가전략을 세워 큰 복지 해결에 혼신의 노력을 다해야 한다.

그렇다면 남한 내 작은 복지 성적은 어떨까? 2011년은 우리나라가 아동복지법을 만든 지 50년이 되는 해로, 유엔 아동권리협약에 가입한 지 20년이 된다. 그러나 우리나라의 아동복지 성적표는 좋지 않다. 이혜원의 아동복지성적 발표 자료에 따르면, 합계출산율은 1.15명으로 급감했고, 부모의 실직, 이혼, 가출 등으로 양육시설에 맡겨지는 아동이 급증하고 있으며, 아동의 빈곤과 학대, 자살율도 늘고 있다.

1961년 제정된 아동복지법은 전쟁고아 등 부모가 갑자기 사망했거나 실종된 아동만을 대상으로 시설보호 또는 해외입양 보호를 제공했다. 1981년 개정된 아동복지법은 영유아 보육과 같은 보편적 복지를 표방했으나, 아동복지 예산의 90% 이상이 친부모 보호를 받지 못하는 아동을 위한 선별적 복지에 머물렀다.

2000년 유엔 아동권리위원회의 권고에 따라 대폭 개정한 아동복지법은 아동학대 예방 전문기관 설립 등, 전체 아동의 생존권과 보호권을 보장하기 위한 보편적 대책을 마련했다. 2003년 개정된 아동복지법은 해외 입양과 시설보호를 지양하라는 유엔 아동권리위원회의 2차 권고에 따라 전국 가정위탁 지원센터를 설립했다. 그러나 예산 부족과 지방정부와 민간단체로의 책임 이양은 법의 실효성을 떨어뜨려 아동복지는 제자리걸음을 하고 있으며, 사회는 저 출산의 터널을 벗어나지 못하고 있다.

2009년 아동복지 예산은 GDP의 0.1%로, OECD 국가 중 최하위 수준이다. 이들의 평균인 GDP의 2.3% 수준을 따라가려면 23배, 스웨덴 수준이 되려면 100배 늘려야 한다. 적어도 모든 아동이 신체적, 심리적, 사회적으로 건강하게 자립하고, 기초생활보장제도에 의존하는 절대 빈곤층이 되지 않도록 예방할 수 있는 예산은 확보돼야 한다. 우리 사회의 절대 빈곤층이 차상위 계층 이상으로 올라가는 빈곤 탈출률은 겨우 6%다. 빈곤이 만성화하고 계층 간 양극화가 깊어지고 있다. 아동기의 빈곤 경험은 생애 주기별 발달과업 성취에 장애를 초래하고, 빈곤의 대물림을 낳는다.

현재 위탁 및 입양가정에서 보호받는 아동을 위한 양육수당은 월 10만원이며, 양육의지가 있는 미혼모에게 주는 양육비는 월 5만원에 불과하다. 연초 한국보건사회복지연구원이 발표한 자녀 1인당 양육비

2억 6,000만 원을 감안하면, 이들의 빈곤 탈출과 자립의 길은 멀다.

그럼에도 불구하고 정부는 복지예산이 사상 최대 규모이며, 보편적 복지는 '무차별적 시혜를 베풀어' 국가 재정을 망칠까 우려된다는 입장을 표명했다. 결국 국회의원들의 부재로 인한 국회 파행이 복지 정책을 유명무실하게 만들고 있는 것이다.

국회를 감시하라

지난 4년간 299명의 국회의원들은 낡은 이념 논쟁과 당리당략, 선명성 경쟁으로 많은 날들을 허비했다. 그동안 사회는 양극화 문제, 저출산과 고령화 문제, 학교 폭력 문제, 비정규직 문제 등 숱한 사회 현안들로 몸살을 앓았다. 1987년 민주화 이후, 참여 민주주의의 발전에도 불구하고, 정치개혁을 부르짖었던 국회는 구태정치에서 벗어나지 못했다. 결국 20~40세의 젊은이들은 새롭게 등장한 비정치인 안철수에게 관심을 돌렸으며, 국민들 대다수가 기성정치를 외면했다.

거대 여당은 힘으로 밀어붙이고, 야당은 폭력으로 의결을 막아서는 것이 오늘날 대한민국 국회의원들의 현주소다. 기초 질서가 무시된 국회는 국민에 대한 약속도 제대로 지키지 못한 채 다시 19대 총선을 치렀다.

19대 국회부터라도 몸싸움, 폭력, 돈봉투, 부정비리 같은 추태를 보이지 말자며, 여·야가 4년 내내 토론하며 만들어낸 '국회 선진화법'도 사장될 위기에 처해 있다.

정치 전문가들은 국회의 고질병을 고치기 위해서는 외부 감시시스템이 필요하다고 지적한다. 지금도 국회 내 윤리특위가 상시 가동되고 있지만, 국회의원이 동료 국회의원을 감시하고 처벌하는 제도적 한계를 극복해야 한다는 주장이 나오고 있다.

국회의원들의 직무유기와 여야 간 대립 논쟁, 국회의 파행 운영 등으로, 국민이 국회를 믿지 못하는 현실 속에서 국민들은 대선을 통해 한국의 정치가 변화되기를 갈망하고 있다.

5

서민경제에 올인해야 나라가 산다

메이저리거가 된 한국경제, 누가 파이를 키울 것인가

체급 달라진 대한민국

우리나라는 최근 세계에서 일곱 번째로 '20-50(1인당 국내총생산 2만 달러 이상, 인구 5,000만 명 이상) 클럽'에 가입했다. 이 정도의 소득과 인구라면 최소한 자체적인 '규모의 경제'가 가능하기 때문에 향후 추가 성장 가능성도 높다는 얘기다.

실제 우리나라보다 앞서서 20-50클럽에 들어간 6개국은 모두 가입 4~14년 후, 1인당 국내총생산(GDP)이 3만 달러를 넘어서면서 선진국의 입지를 다졌다. 그렇다면 한국도 20-50클럽에서 소득 3만 달러라는 기록을 세울 수 있을까?

앞선 6개국 모두 2만에서 3만 달러를 돌파하는 기간 동안 나름대로의 노력과 계기가 있었다. 1987년 가장 먼저 2만 달러를 넘어선 뒤 불과 5년 만에 3만 달러까지 넘어선 일본은 당시 '잃어버린 10년' 직전의 최대 호황기를 구가하고 있었는데, 소니, 도요타 등 글로벌 기업들의 기술 경쟁력을 바탕으로, 미국을 제치고 세계 1위라는 경제대국의 자리까지 넘보게 됐다. 88년 이후 9년 만에 3만 달러 고지를 넘은 미국은 막강한 내수시장과 기축통화 발행국이라는 강점이 배경으로 꼽힌다.

반면 유럽 4개국(독일, 프랑스, 영국, 이탈리아)은 유럽통합이라는 특수성에 힘입은 바 크다. 90년대 초와 중반, 일제히 2만 달러 선을 넘은 이들 국가는 저임금의 동유럽을 생산기지로 삼아 비용부담을 줄이는 한편, 유로화 강세에 따른 환율효과까지 더해지면서 2000년대 들어 3만 달러를 넘어섰다.

유일하게 4년(91→95년)만에 3만 달러를 넘어선 독일은 통독 후 재건 차원의 재정투입, 동독 지역의 외국인 투자 유치 등이 가속효과를 냈다.

이에 비하면 우리나라의 향후 경제상황은 결코 낙관적이지 않다. 우선 인구 구성과 지속가능성 측면은 노인층과 1~2인 가구 비중이 크게 늘면서 성장 활력이 떨어지고, 전통적인 가족 부양이 어려워지는 이중고를 겪게 될 가능성이 있다. 또 경제활동의 핵심인 생산 가능 인구는 2012년에 전 인구의 73.1%로 정점을 찍은 뒤, 세계에서 가장 빠른 속도의 하락이 예상되고 있으며, 2040년에는 57%대까지

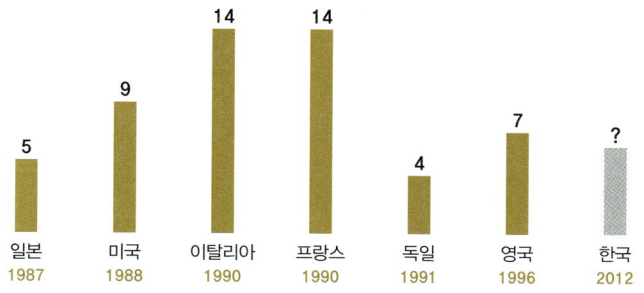

[그림 5] 20-50클럽 국가 3만 달러 달성기간

자료: 한국일보. 2012. 6. 25.

급락할 것으로 전망된다. 덩달아 잠재성장률도 지금의 4%대에서 1.7%까지 급락할 것으로 예상된다.

항상 대외 환경에 민감할 수밖에 없는 우리나라로서는 환율도 3만 달러 달성의 주요 변수다. 달러·유로·엔화 등 글로벌 통화를 가진 6개국과는 달리, 한국의 3만 달러 달성은 어쩌면 수시로 오르내리는 환율 수준에 달렸다고 해도 과언이 아니다. 여기에 1,000조원을 넘어선 가계부채와 부동산 버블 붕괴 우려 등은 언제든 3만 달러 시대를 물거품으로 만들 수 있는 시한폭탄과 같다.

그래서 전문가들은 우리만의 강점을 최대한 활용할 필요가 있다고 지적한다. IT와 자동차, 석유화학 등 글로벌 경쟁력을 갖춘 제조업의 기반을 꾸준히 다지고, 세계 최대 시장이 될 중국과의 인접성을 활용해야 한다는 주장을 편다. 실제로 국제통화기금(IMF)은 2016년 한국이 1인당 GDP 3만 880달러로 '30-50' 클럽에 가입할 것으로 전망했다.

메이저리거가 된 한국경제

2012년에 이루어진 한국의 '20-50클럽' 진입은 작은 고양이가 큰 호랑이로 변신한 것에 비유할 수 있다. 우리 경제는 수출입 의존도가 높기 때문에 여전히 외부 환경의 영향을 많이 받겠지만, 한국이라는 배가 흔들리거나, 뒤집힐 가능성은 크게 줄었다고 볼 수 있다.

우리나라가 세계에서 7번째로 '20-50 클럽'에 진입했다는 것은 소득과 인구 면에서 모두 일정 수준 이상으로 올라온 한국 경제가 외부와 내부의 충격을 덜 받는 환경으로 바뀌었다는 것을 의미한다. 1990년대 말에 외환위기를 겪을 당시와 지금 한국이 세계경제에서 차지하는 비중 면에서 큰 차이가 있다. 당시 한국은 '버릴 수도 있는 카드'였지만, 이제는 '버리기 어려운 카드'에 가깝다.

국민소득 2만 달러와 인구 5,000만 명이라는 수치가 주는 무게감은 무척 크다. 우리 경제의 '20-50 클럽' 가입 과정은 이미 갖춰진 내수시장이나 특정 산업에만 치중해서 성장한 다른 나라와는 질적으로 다르다. 우리나라는 인구가 적고, 산업 기반도 취약한 상황에서 경제개발을 시작했다. 제한된 자원을 전략산업에 집중하고, 글로벌 경쟁력을 갖춘 산업을 하나씩 키워 나갔으며, 그 과정에서 인구도 함께 늘어났다.

그 결과 핀란드나 홍콩처럼 IT나 금융 같은 특정산업에만 기대지 않고, IT·자동차·철강·조선·해운·건설 등 다양한 분야에서 세계 최고 수준의 경쟁력을 갖춘 산업 포트폴리오를 갖추고, 인구도 중간규모 이상인 경제를 만들어낼 수 있었다.

이런 과정을 거쳐 일군 우리나라의 소득 2만 달러와 인구 5,000만 명은 외부 충격에 그만큼 강하다. 핀란드 경제는 노키아가 무너져 존망의 위기에 몰렸지만, 한국은 주력산업이 10여 개에 달하기 때문에 1~2개 업종이 극심한 부진에 빠져도 그 충격을 흡수할 수 있다. 2008년 글로벌 금융위기 상황에서 우리 경제가 건설·조선 업종에서 큰 타격을 입고도 반도체·자동차 등 타 업종의 선전에 힘입어 성장세를 이어간 것을 대표적인 예로 들 수 있다.

20-50 클럽 가입 후에, 높은 소득을 올리는 5,000만 명의 내수 시장이 생긴 것도 우리 경제에 긍정적인 효과를 가져 올 수 있다. 5,000만 명이라는 내수시장의 존재는 한국기업들이 한편으로는 외풍에 견디고, 다른 한편으로는 글로벌 경쟁력을 유지할 수 있는 토양이 된다. 내수시장의 중요성을 보여주는 사례는 일본이다. 일본 경제는 최근 20년간 부진을 면치 못했지만, 1억 3,000만 명이 넘는 인구가 떠받치고 있는 내수시장에 기대어 버티고 있다. 일본의 국가부채비율이 국내총생산(GDP) 대비 200%를 넘어도 시장이 동요하지 않는 것은 국채의 90% 이상을 일본 기업과 일본의 가계들이 끌어안고 있기 때문이다.

한국이 글로벌 시장의 '대마'로 부상함에 따라 국제 정치경제학적으로 따져 봐도 한국의 20-50 클럽 진입은 우리나라 자체가 아시아권과 글로벌 경제에서 '대마'로 발돋움하고 있다는 의미가 된다. 현재는 우리나라 국민소득이 1만 달러를 갓 넘겼던 1990년대 외환위기 당시에 비해, 한국이 무너질 경우 국제 경제에 미칠 여파는 그 차원이 다르다는 얘기다. 한국은 이미 무역규모 1조 달러를 넘긴 세계 8대 무역대국이고, 2011년도 국내총생산이 1,200조 원에 육박하는 거대 경제규모를 가지고 있다. 금융시장 개방도 높아 주식시장의 외국인 투자비중이 35~40%에 달하고, 한국 국채에 대한 외국인 투자비중도 높아졌다. 중·장기적으로 한국 경제를 신뢰해서 들어오는 외국인 직접투자(FDI)도 2011년 130억 달러로, 한화로 환산하면 15조 원을 넘는 금액이다.

과거 한국시장은 외국인들이 부담 없이 '먹튀'를 할 수 있는 곳이었지만, 시장이 커지고 외국인 투자규모가 늘어나면서 한국 경제에 문제가 생기면, 외국인들도 일정 부분 손해를 감수할 수밖에 없는 구조가 되었다.

이 같은 상황은 유로존 국가의 경제위기와 관련해서 그리스와 스페인을 바라보는 유럽 국가들의 시각 차이를 보면 좀 더 확실하게 알 수 있다.

별다른 산업기반이 없고, 유로존 내에서 존재감이 부족한 그리스에 대해서는 시장이 '조건부 탈퇴'를 점치기도 하지만, 유로존에서 경제위상이 높은 스페인과 관련해서는 "스페인의 유로존 이탈은 곧 유럽경제의 붕괴를 의미한다"는 반응을 보이고 있다.

글로벌 경제에서 한국의 존재가치를 더욱 높이고, 기존의 자유무역협정과 국가 간 경제협력을 더욱 강화해야 하는 이유도 바로 이 때문이다.

그렇다면 다른 중진국들은 어떨까?

세계의 경제 역사에서는 고비를 넘기지 못하고, 위기 앞에서 좌절한 국가들의 실패 기록들이 넘쳐나고 있다. 남미의 아르헨티나와 유럽의 그리스는 '포퓰리즘(대중영합주의)'으로 인해 무너졌는데, 아르헨티나의 경우에는 비옥한 땅과 넘쳐나는 농산물, 풍부한 천연자원으로 인해 20세기 초만 해도 세계 10대 선진국에 속하는 나라였으며, 1인당 GDP가 프랑스, 독일과 비슷했다.

아르헨티나는 1980년대에 인구가 3,000만 명을 넘었지만, 후안 페론 전 대통령의 퍼주기식 복지정책으로 국가 재정은 바닥을 드러냈고, 외채를 끌어 쓰다가 2001년 모라토리엄(지불유예)을 선언했다. 2011년 아르헨티나의 1인당 GDP는 1만 1,000달러 수준이다.

최근 유럽과 세계 경제를 불안으로 몰아넣고 있는 그리스 또한 과도한 복지지출로 재정이 파탄났다. 한때 해운 강국이었지만 지금은 디폴트(채무불이행) 직전 상황으로, 주요 공기업들을 해외에 팔아야 하는 지경에까지 이르렀다.

1960년대에 아시아의 선진국이었던 필리핀은 지도층의 부패로 인해 성장이 늦춰졌다. 필리핀의 인구는 1980년대에 이미 5,000만 명을 넘었는데, 1961년에 1인당 GDP가 한국의 3배에 달했으므로, 한국과 같은 속도로 발전했다면 일찌감치 '20-50 클럽'에 가입할 수 있었다. 하지만 15개의 거대 가문이 국부의 절반 이상을 차지한다는 말이 나올 정도로 소수의 인구가 부를 독점하면서 1인당 GDP가 2,200달러 수준에 그치고 있다. 이 외에도 인구가 10억 명이 넘는 중국은 1인당 GDP가 5,400달러이고, 인도는 1,400달러 수준이다. 이들 나라가 '20-50 클럽'에 가입하기 위해서는 1인당 소득이 4,000~1만 달러를 넘지 못하는 중진국의 함정에 빠지지 말아야 한다. 아시아개발은행(ADB)은 "중국과 인도가 저효율·고비용 구조를 타파하지 못하면 다시 후진국으로 후퇴할 수 있다"고 지적했다.

세계에서 일곱 번째로 '20-50클럽'에 가입한 한국의 저력은 무섭다. 한국은 위기를 기회로 바꾸었으며, 한국인 특유의 '해보자' 근성이 힘을 발휘했다. 이 같은 복원력(resiliency)은 글로벌 금융위기 이후 본격적으로 세계의 주목을 받기 시작했다. 신용평가회사인 무디스는 지난 2010년 4월 한국의 국가신용등급을 A1으로 상향 조정하면서, 그 이유를 "한국경제가 전 세계적인 위기에서 예외적인 회복력을 보이고 있기 때문"이라고 설명했다. 한국경제의 위기 대처 능력은 이제 전 세계의 어느 누구도 인정하지 않을 수 없게 되었다.

위기를 극복하는 능력이 뛰어난 한국인의 밑바탕에는 한국인 특유의 단결력, 희생정신, 높은 교육수준, '빨리빨리'로 요약되는 신속한 결단 등이 포함되어 있다. 한국인의 저력을 보여주는 가장 대표적인 예로는 외환위기 당시의 금 모으기 운동을 들 수 있다. 1997년 IMF 사태가 발생했을 때 한국 국민들은 외채를 갚기 위해 자발적으로 보유하고 있던 금을 내놓았다. 당시 한국의 외환부채는 약 304억 달러에 이르렀는데, 전국적으로 350만 명이 참여한 이 운동에서 약 227톤의 금이 수집되었다.

스위스 국제경영개발원 조사에서도 한국인들은 미국인들에 이어 '20-50 클럽' 가운데 두 번째로 변화에 잘 적응하는 것으로 나타났

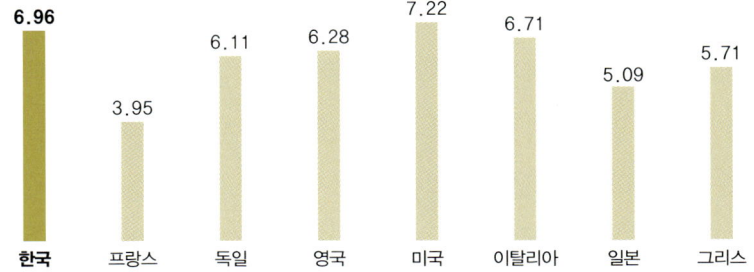

각 나라에 거주하는 외국인을 대상으로 해당 국민의 변화에 대한 수용정도를 물어 지수화한 것,
예를 들어 한국지수는 한국에 거주하는 외국인이 느끼는 한국인들의 변화에 대한 수용성을 의미함.
0~10, 10에 가까울수록 수용성이 높다는 뜻.

[그림 6] 변화에 대한 수용성 지수(2011년 기준)

자료: 조선일보. 2012. 5. 29.

는데, 국가뿐 아니라 개인이나 기업 차원에서도 위기를 극복하고 성공 신화를 이룬 사례들이 속속 등장하고 있는 것을 보면, 한국 경제의 위력이 허상이 아님을 피부로 느낄 수 있다.

마이너리그 서민경제, 누가 끌어올릴 것인가

생활고에 허덕이는 서민들의 삶

MB정부 들어 서민들의 삶은 더욱 더 어려워지고, 경제 양극화로 인해 고통 받는 서민들이 정부를 비난하는 목소리를 높이고 있다. 이렇게 서민들 모두가 한 목소리로 정부를 비난하는 데에는 반드시 짚고 넘어가야할 결정적이 원인이 있을 것이다.

국민소득 2만 달러의 시대가 열리고, 선진국의 문턱에 진입했다고 하지만, 일반 서민들이 이와 같은 상황을 받아들이기에는 분명 큰 갭이 있다.

세계 최고의 자살국가라는 오명과 함께, 4인 가족 기준 9만 달러면 한 가족이 연 1억 원 내외의 소득을 올려야 하는데, 왜 현실은 더 어려운 나락으로만 치닫는 것일까?

2011년 최저임금은 시간당 4,320원으로, 주 40시간으로 한 달을 일하면 90만 2,880원이다. 통계청이 발표한 가계 동향 조사를 기준으로 보면, 소득 최하위 20%의 가계들은 매달 30만 원씩 적자가 발생된다. 이들 대부분은 일하면서도 빈곤한 '워킹푸어'로, 이런 최저임금 노동자가 현재 250만 명에 달한다고 한다. 200만 명은 법이 정한 최저임금도 못 받는 것이다. 그 최저임금 미달 노동자의 90%는 비정규직이다. 최저임금제도는 헌법이 명시한 권리이며, 그 제정 취지는 저임금을 해소해서 임금격차를 완화하고 소득분배를 개선하는 것이지만, 현실에서의 최저임금은 비정규직의 보통 임금으로 자리를 잡았다.

노동시장에 처음 들어오는 15~19살 청소년 노동자의 70%가 최저임금도 못 받는 편의점과 주유소의 아르바이트생들이다. 이들에게 첫 노동은 설레임이 아니라, 힘든 고통의 시작이다. 20~40대 중 최저임금에 미달하는 노동자는 5% 남짓이지만, 다시 50~60대로 넘어오면 최저임금 미달자가 급속히 늘어난다. 첫 노동과 끝 노동에 저임금이 몰려 있는 것이다. 어찌 보면 우리 사회는 이미 임금피크제를 시행하고 있는 셈이다.

해마다 정부는 비정규직 인력을 줄이겠다고 각종 정책을 쏟아내고 있지만, 전체 2,300만 인력 중 자영업 종사자 550만 명은 영업부진을 겪고 있으며, 온 가족이 매달려 보지만 최저임금에도 못 미치는 수입으로 인해 계속 문 닫는 곳이 늘고 있다. 그나마 영업이 제대로 이루어지는 부문은 대기업에서 모두 잠식했기 때문에, 30대 재벌의 경영실적은 계속 치솟고 있다.

570만 명이라는 비정규직 종사자의 일자리만이 계속적으로 늘어나고 있는 현상도 바람직하지 않다. 이들은 최저임금의 고통 속에서 허덕이고 있으며, 불안정한 일자리로 인한 스트레스가 이들의 목을 조이고 있다.

대한민국 중년 2명 중 1명은 '셋방'에서 살고, 젊을수록 '내 집'을 가진다는 꿈은 거의 신기루에 가깝다. 대한민국 사회에서 '내 집'은 단순한 물리적 거주지가 아닌 온 가족이 의지할 수 있는 상승의 사다리인 동시에, 최악의 빈곤으로 떨어지지 않도록 받쳐주는 버팀목이다.

집이 있으면 가장이 실직해도 가족이 뿔뿔이 흩어지지 않지만, 집이 없는 가정은 위기에 극도로 취약할 수밖에 없다. 확대성장 시대, 가족을 견고하게 묶어주고 계층 상승의 꿈을 담게 했던 '주택의 사다리'마저 지금은 급속도로 무너져 내리고 있다.

1955~1963년에 태어난 750만 명 베이비부머 세대의 경우에는, 다수가 농촌 시골마을에서 태어나 가난한 어린 시절을 보냈으며, 부모 모시랴, 자식 뒷바라지 하랴 눈코 뜰 새 없이 살아왔다. 이들은 뼛골이 빠지도록 노력한 50년이라는 세월을 마감하고, 정년퇴직을 했

거나 앞두고 있지만, 뾰족한 노후 대책이 없다. 결국 이들의 처지는 우리나라의 어두운 미래다.

우리나라의 산업화와 민주화를 주도한 현대사회의 주역이자 '낀 세대'인 이들의 운명은 난감하기만 한데, 지금 이들은 정년기이지만 기댈 곳은 국민연금뿐이며, 고령화의 '복병'으로 이마저도 희생양이 되어야 한다는 사실은 분통이 터지는 일이다.

2011년 10월 현재, 65세 이상의 노인인구 554만 명의 빈곤율은 45%로, OECD 국가의 평균 3배를 넘어서고 있다. 열악한 환경에 놓인 노인들은 폐지라도 주워 생계를 연명하려고 거리를 헤매고 있으며, 그 숫자가 계속 늘고 있다. 이들은 박스와 음료수 캔 등 재활용 물품을 구하기 위해서라면 지저분한 쓰레기더미라도 거리낌 없이 파헤친다. 힘에서 젊은이들에게 밀리고, '늙은이'라서 무시당하고 있는 이들의 모습에서 선진 한국의 이미지는 찾아볼 수가 없다.

여야가 책상머리 복지 논쟁으로 세월을 까먹고 있는 사이, 홍대 청소노동자들은 월 75만 원짜리 일자리라도 지켜 달라는 농성을 했다. 하지만 관련자 그 누구도 팔을 걷어 부치고 나서지 않았다. 사태를 책임지고 해결할 사람이 보이지 않은 것이다.

거짓이 난무하고, 임기응변식 땜방 처방으로 결과에 대해 책임을 지는 사람이 없는 현실 속에서 계속 희생양만 늘어나고 있는 상황을 국민은 어떻게 받아들여야 하는 것일까? 무너진 사다리, 희망이 보이지 않는 절망의 나락으로 치닫고 있는 이때에, 서민들의 생계를 책임져 줄 진정성 있는 차기 대통령은 과연 누구일까?

기름 값 절반이 세금, 누구를 위한 정책인가

대중들에게 가장 민감한 소비자 물가 중의 하나가 기름 값이다. 유가를 낮추겠다는 발표는 각 정부마다 항상 있어 왔다. 정부가 물가 관리의 첫 번째 목표로 기름 값을 겨냥하면서 기름 값의 적정성에 대한 의문이 커지고 있다. 이명박 대통령이 "기름 값이 적정 수준인지 검토할 필요가 있다" "주유소 행태가 묘하다"고 말한 것은 일반 소비자들도 궁금하게 여기는 부분이다.

국제유가가 하늘을 찔렀던 2008년 7월과 비교하면 최근 국제유가는 많이 떨어졌는데, 한국의 기름 값은 별로 낮아지지 않았다는 것이다. 휘발유 국제가격은 2008년 7월 L당 864원이던 것이 지난 2010년 12월에는 722원으로 떨어졌다. 세금을 제외한 국내 휘발유 가격은 같은 기간 938원에서 784원으로 떨어졌다. 가격 인하폭이 16.4%로 같았다.

업계는 3가지 변수를 감안하면 실질적으로는 국내 유가가 더 많이 떨어졌다고 주장한다. 변수는 관세, 유류세, 환율이다. 2008년 1%였던 관세는 2009년 3%로 올라 L당 11원 정도의 가격인상 효과를 냈다. 관세를 감안하면 국내 휘발유 가격 인하폭은 17.5%로 추산된다. 2008년에는 정부가 고유가 대책으로 한시적으로 유류세를 낮췄기 때문에 지금보다 L당 70원 정도 낮았다. 환율도 지금이 달러당 120원 정도 높다.

정유업계는 "변수 3가지가 모두 불리함에도 불구하고 국내 기름 값이 많이 내려 정유업계의 이익률은 바닥 수준"이라고 주장한다. 2010년 1~3분기에 국내 4대 정유업체의 정유부문 누적 매출액은 63조 원이 넘었지만, 영업이익은 1조 원이 안 된다. 반면 2010년 한 해 동안 국내 휘발유가는 국제가보다 인상액이 높았다. 소비자시민모임이 지난 2010년 국제 휘발유 가격과 정유사의 공장도가격 및 전국 주유소 평균가격을 비교 분석한 결과, 국내 정유사는 국제 휘발유가 인상액보다 휘발유 공장도가를 L당 38원, 주유소의 소비자가를 29원 더 올린 것으로 집계됐다.

하지만 정유업계는 최대한 적정한 기름 값을 매기고 있다고 주장한다. 만일 기름 값이 부적절하다면 그 이유는 오히려 정부에 있다는 입장이다. 기름 값에서 교통에너지 환경세, 교육세, 주행세, 부가가치세가 합쳐진 유류세가 차지하는 비중이 너무 높아(휘발유 50%, 경유 41%, LPG 33%) 기름 값을 낮출 여지가 없다는 것이다.

주유소에서 기름을 넣는 소비자들이 묘한 행태로 의심하는 것 중 하나는 국제유가가 오르면 주유소 기름 값이 바로 오르는 것 같은데, 왜 국제유가가 내려도 주유소는 기름 값을 잘 내리지 않는 걸까라는 의문이다. 이에 대해 정유업체는 약 2주의 간격을 두고 국제 석유제품 가격의 등락폭이 대체로 반영된다고 반박한다. 그러나 기름 값 인상에는 적극적, 인하에는 소극적인 주유소도 적지 않다.

정부의 고유가 대책은 사실 답이 없는 숙제다. 2008년 이후 국제 유가가 오를 때마다 각종 대책을 내놓았지만 실효성 논란 및 재원 부담 등의 이유로 큰 성과를 보지 못했다.

2008년 국제 유가가 천정부지로 치솟고, 이로 인해 무역수지마저 악화될 위험을 보이자, 정부는 대책을 쏟아냈다. 기획재정부는 2010년 3월 유류세 10% 인하 대책을, 지식경제부는 4월 신(新)고유가 시대 에너지 절약 대책을, 6월에는 정부 합동으로 고유가 민생 종합대책을 발표했지만 국민이 체감하는 효과는 미미했다. 유류세의 경우 세금 인하에도 불구하고 유가가 급등하면서 가격 인하 효과가 미미했고, 유가 상승으로 부가가치세(10%)가 덩달아 오르면서 소비자들은 대책의 효과를 거의 실감하지 못했다. 당시 정부는 일반 주택의 실내 냉난방 온도를 제한하겠다고 밝히기도 했지만 정부 내에서조차 현실성이 없다는 비판을 받았다.

국내 휘발유 소비자 가격의 50%를 차지하는 세금이 존재하고, 2년 전에 비해 환율이 상승한 점을 감안할 경우, 2011년 2월 현재 가격은 2년 전보다 리터당 290원 정도가 싼 가격이다. 반면 정유사의 이익률은 1.5% 밖에 되지 않아 정유사를 압박한다 해도 기름 값 인하 여지가 크지 않은 상황이다. 다시 말해 정유사의 일 년 이익을 다 합쳐서 기름 값 인하에 쏟아 붓는다 해도 리터당 10원 정도밖에 내릴 수 없는 실정인 것이다.

결국 서민들의 피부에 가장 빨리 와 닿는 물가고인 기름 값에 대한 해답은 아무도 제시하지 못하고 있다.

영국위기와 같은 복합위기 우려되는 한국 경제

한국 경제에 어두운 먹구름이 드리워지고 있다. 글로벌 세계 경제 속에서 전 세계의 국민들은 거의 같은 종류의 고통에 허덕이고 있다.

글로벌 위기의 진앙지인 유로존은 2012년 성장률이 당초 예상한 −0.3%보다 더 낮아지고, 완만하게 회복되고 있던 미국 경제도 1분기 성장률이 잠정치 2.2%보다 낮은 1.9%로 나타났으며, 중국, 브라질, 인도 등 세계 경제의 버팀목 역할을 해 오고 있던 신흥 국가의 경제도 일제히 주저앉았다.

미국 경제가 2% 내외로 성장하고, 유럽 경제가 −1% 정도를 기록하고, 중국 경제가 7% 중반 대의 성장을 이루면서 침체될 경우, 2012년 한국 경제는 3% 달성도 힘들어질 가능성이 크다. 그렇다면 우리 경제의 문제점은 무엇일까?

첫째는 부동산 경기와 가계부채 문제가 아직 해결될 기미가 없다. 2008년 9월에 102.09였던 서울 아파트 매매 가격지수는 2012년 5월에 97.92로 장기간 하락세를 지속하고 있으며, 건설업 성장률은 연속 마이너스를 기록하고 있다. 중견 건설업체가 도산하고, 건설부문 취업자 수는 10만 명 가까이 줄었으며, 주택대출 연체율이 높아지면서 금융부실의 원인이 되고 있다.

반면 2008년 말 725조원이었던 가계신용은 2012년 1분기 말 911조 원으로 크게 증가해서 이자상환비율이 가계가 감당할 수 있는 임계치를 넘어서고 있다. 자산 가격은 떨어지는데 부채는 증가하는 전형적인 부채 디플레이션을 보이고 있는 것이다.

둘째 문제는 지방정부와 지방 공기업의 늘어나는 부채이다. 지방정부의 부채는 2006년 17조원에서 2010년에는 29조원으로, 382개 지방공기업 부채는 2006년 36조원에서 2010년 63조원으로 크게 증가했다. 지방정부의 부채는 재정위기에 몰려 있는 스페인과 닮은꼴이다.

셋째는 국가부채가 만만치 않은 가운데 복지포퓰리즘이 넘쳐나고 있다는 점이다. 새로운 기준에 의한 국가부채는 2011년 말 774조 원으로, GDP의 62.6%에 달한다. 이 가운데 공무원 군인연금 충당부채가 342조 원에 달한다고 하니, 과도한 공무원연금으로 재정위기 몸살을 앓고 있는 그리스를 저절로 떠올리게 된다.

적자가 된 건강보험도 앞으로 고령화 의료복지 확대로 인해 기하급수적으로 증가할 것으로 전망된다. 이런데도 지난 총선에서 여당은 75조 원, 야당은 165조 원의 재정이 소요되는 복지공약을 내걸었다. 재정 사정을 아랑곳하지 않는 복지경쟁은 대선을 앞두고 더욱 가열될 전망이다. 19대 국회가 개원되기 전부터 여야가 경쟁적으로 복지법안만 내놓는 모습에 국민은 아연실색하고 있다. 영락없이 남유럽과 닮은꼴이다.

넷째로 친서민이라는 이름의 금융 포퓰리즘이 도를 넘어서고 있다는 점이다. 리스크가 높으면 높은 금리를 받는 것이 금융의 원리지만 저소득 계층의 부담 완화를 위해 저금리로 대출해 주는 데다 최근에는 연체기록이 있어도 지원 대상이 되고, 전세보증금 대출에서 100% 보증을 실시함으로써 서민들의 도덕적 해이와 신용불량자 양산을 초래할 우려가 커지고 있다.

IMF 수석 이코노미스트를 지낸 시카고대의 라구람 라잔 교수는 '폴트라인'이라는 저서에서 불평등 완화를 위해 저신용 계층에 저금리 금융을 확대한 결과, 저금리 대출로 구입한 주택가격이 하락하면서 서브프라임 모기지 사태가 발생한 것을 미국 금융위기의 첫 번째 이유로 지적했다. 이는 우리나라 서민금융정책에 시사하는 바가 크다.

2012년 말, 정권 교체를 앞두고 있는 우리나라의 경우에도 전형적인 레임덕 현상이 벌어지고 있는데, 이러한 혼란을 피하기 위해서는 대선 주자들을 종합적으로 분석해서 현명한 선택을 해야 한다.

경제 양극화와
국가 위기 극복을 위한
차기대통령

'왜' 박근혜인가

2

대처와 대처리즘을 통해 영국의 선진정치를 배운다

서문

'The Iron Lady(철의 여인)'는 2012년 2월 13일에 개봉한 마가렛 대처 수상에 대한 영화 제목이다. 영화 개봉 이후 미국과 영국에서 '대처리즘'이 한창 이슈가 되고 있는데, 현재의 영국 수상 데이비드 카메룬은 수상이 되자마자 가장 먼저 마가렛 대처를 방문했다.

12년이라는 노동당의 장기 집권 이후, 다시 정권을 되찾아 온 카메룬이 이끄는 현재의 보수당은 대처가 수상이 된 1979년과 많은 면에서 유사하다.

마가렛 대처는 여성 최초로 영국의 MP(국회의원)가 되었으며, 여성 최초로 교육부 장관에 올랐고, 수상이 된 1979년부터 1990년까지 11년 6개월 동안 그 자리를 지켰다. 이는 영국의 정치 역사상 가장 오랜 기간으로, 마가렛 대처는 처칠 수상 다음으로 영국을 훌륭하게 이끈 지도자로 평가받고 있다.

마가렛 대처가 수상에 올랐던 때는 전 세계가 1, 2차 오일쇼크로 인해 휘청거리고 있던 대공황의 시기였는데, 실업률이 급등하고, 석유 값 상승과 물가 상승으로 인해 영국 정부는 복지 비용 축소 및 대대적인 긴축 재정 정책을 펼 수밖에 없었다. 하지만, 강력한 노조의 반발로 하루가 멀다하고 길거리에서는 시위가 벌어지고 있었다. 이러한 위기 상황 속에서 수상이 된 대처는 긴축 재정을 대대적으로 실시, 일하는 노동자들에게는 살 권리를 주고, 일하지 않고 무전취식하려는 사람들은 길거리로 나앉을 수 있음을 강조했다. 철도, 대중교통 같은 국영 기업을 과감하게 민영화시키고, 미국 레이건 대통령을 축으로 한 신자유주의 대열에서도 선봉장을 섰다. 그러나 그녀는 유럽연합에는 끝까지 반대했는데, 대처의 이러한 노력으로 영국은 끝까지 파운드를 사용하였으며, 현재 유럽의 경제 위기 속에서도 영국이 버틸 수 있는 근간을 마련했다.

카메룬의 보수당은 챈슬러 조지오스본의 2011년, 2012년 예산안을 발표하면서 과감한 긴축재정을 첨병했다. 그러나 마찬가지로 서민들의 데모를 불러일으켰고, 2011년 초를 기점으로 등록금 인상을 반대하는 학생들의 전국적인 시위가 있었으며, 여름에는 복지예산 감축에 불만을 품은 빈곤계층을 중심으로 한 대규모의 폭도사태가 있었다.

이 영화는 왠지 보수당을 위한 영화라는 생각이 든다. 대처 또한 1980년 초까지만 해도 끊임없는 노동자 시위에 골머리를 앓아야만 했다. 카메룬은 정권 초부터 대처리즘을 다시 내세웠다. 그 와중에 개봉 된 The Iron Lady는 현재, 다른 블록버스터 헐리웃 영화들을 제치고 가장 많은 관객 수를 확보하고 있다.

흥미로운 점은, 힐러리 클린턴이 예전부터 포스트 마가렛 대처를 자처했었다는 것이다. 머리 스타일, 화장, 심지어 복장까지도 마가렛 대처와 상당부분이 흡사하다. 위기의 영국을 구해낸 마가렛 대처의 강력한 여장부 이미지를 힐러리 클린턴이 그대로 벤치마킹한 것이다. 이 영화의 미국 흥행이 힐러리 클린턴의 지지율을 높이는데 어느 정도 도움이 될 것이다.

그런 점에서 이 영화가 우리나라에 미칠 파장도 매우 커 보인다. 이는 현재 새누리당의 대선 주자가 박근혜이기 때문이다. 위기에서 영국을 구한 최초의 여성 지도자 마가렛 대처에 대한 영화가 박근혜 대표의 지지율을 어느 정도 높일 수 있을까?

영화가 어떻게 대선에 큰 영향을 미칠 수 있겠느냐고 할지 모르겠지만, '도가니'라는 영화를 통해서 목격했듯이 미디어의 힘은 대단한 것이다. 적어도 미국과 영국의 정치인들은 어느 정도 이 영화를 이용하려는 경향이 커 보인다.

1

대영제국의 쇠퇴와
대처 수상의 등장 배경

대영제국의 쇠퇴 원인은 무엇인가

영국은 산업혁명으로 공업화에 성공해서 20C 초반까지 세계 최강국으로 군림했다. 빅토리아 여왕은 1837~1901년의 64년이라는 장기 집권을 통해 해가 지지 않는 대영제국(Pax Britannica)을 건설했고, 영국은 최고 황금기를 구가했다. 한 때 영국은 전 세계 영토의 20%, 인구의 25%를 통치할 정도로 전 세계 식민지를 통해 국력을 강화시켜 왔다.

그러나 대영제국은 20C 초, 에드워드 7세 재임(1901~1910) 때부터 쇠퇴하기 시작했는데, 이는 사회 활력과 국민의 극기심 약화, 엘리트의 긴장 와해가 원인이었다.

에드워드 7세 때의 사회상을 보면, 젊은이들은 대도시 생활에 집착해서 도시의 향락을 탐닉했으며, 본토의 생활이 풍요로워지자, 사람들은 해외근무와 지방근무를 기피하게 되었다. 대영제국을 떠받쳤던 해외진출과 이주가 주춤해졌으며, 해외여행 붐, 온천 붐, 건강 붐, 식도락 붐 등으로 무분별하게 낭비를 일삼고, 중산층들도 "그랜드 투어"라는 값비싼 유럽대륙 여행에 돈을 쏟아 부었다. 기독교 등의 전통 신앙심이 약화된 것도 영국의 쇠퇴에 일조를 했다.

1, 2차 세계대전과 1930년대의 대공황 발발은 '해가 지지 않는 대영제국'에 치명타를 안기면서 영국은 몰락의 길을 걷게 되었다. 특히, 2차 세계대전과 영국경제를 살펴보면, 2차 세계대전 중 영국은 상선의 절반인 1,800만 톤을 잃었고, 해외투자의 1/4인 10억 파운드를 날렸다. 또한 미국의 무기대여법과 관련해서 약 80억 파운드를 지출했으며, 영연방 내에서도 약 30억 파운드의 채무를 짊어지게 되었다. 1948~1951년 마샬플랜의 영국 지원금은 GDP의 1.8%에 불과했으며, 전후 영국은 무역과 산업이 쇠퇴하고, 의류, 주택, 식량 등 국민생활필수품이 절대적으로 부족했다. 전후 당파를 초월해서 모두 큰 정부를 지향하는 '사회복지, 부의 재분배' 정책을 추진했으며, 특히 노동당은 국민들에게 '요람에서 무덤까지'라는 복지국가를 약속하며 복지 지상 국가를 추구했다.

결국 13개의 식민지만이 영국의 해외영토로 남고, 나머지 식민지 국가들이 모두 독립함에 따라, 아일랜드(1921년), 인도, 파키스탄(1947년) 등이 독립했고, 호주, 캐나다, 뉴질랜드 등은 영연방(Commonwealth) 내에서 완전히 독립(1926년)했다. 후발국인 미국과 독일의 산업이 급성장하면서 영국 제조업의 국제 경쟁력은 현저히 약화되었다. 즉, 기업 국유화, 복지비용 부담 등으로 기업가 정신이 약화된 영국기업들은 국제경쟁력을 완전히 상실하고 말았다.

제조업의 약화로 영국은 주요 경제강국으로서의 지위를 심각하게 위협받음과 동시에 부동의 세계 1위 자리를 지키던 조선산업은 세계시장점유율이 77년의 4%에서 80년에는 2%로 급감하고, 1차 대전 때까지도 1백만 명을 고용하고 있던 석탄산업은 80년에 1/4로 규모가 축소되었다. 또한 1950년 영국은 세계 철강의 10%를 생산했지만, 80년에는 1.6%로 떨어지고, 생산성도 소련에 이어 세계 최하위로 밀려 났다. 자동차산업의 생산성도 낮아져서 73년 에스코트(Escort) 모델 1대를 생산하는데 있어, 영국은 독일보다 67% 추가 인력을 투입해야 했고, 수입품의 국내시장 점유율이 65년 5%에서 82년에는 무려 58%로 급증했다.

전후 합의정치의 폐해가 영국을 망쳤다

영국에서의 합의 정치 전통은 2차 대전 이후 40년간 지속되었다. 합의 정치(politics of consensus)는 2차 대전 시기의 연립내각에 의해 시작되어 79년 대처내각의 출범과 함께 막을 내렸는데, 40년에 걸쳐 이루어진 '합의'는 영국정치의 기둥 역할을 했다.

보수당과 노동당 중 어느 쪽이 집권하든 사회의 핵심 집단들(특히 노조)의 협의와 자문을 통해 통치함으로써 코포라티즘적 경향을 보였다. 양당 중 어느 쪽이 집권하든 재정정책을 통해 완전고용을 유지하면서 동시에 국민에 대한 적절한 사회복지 제공 및 기간산업에 대한 정부통제를 유지하도록 노력했다.

두 가지 합의 내용은 노동당으로서는 당연한 내용이었지만, 보수당이 수용하기에는 곤란한 것들이었다. 그럼에도 불구하고 '사회정의 구현'에 민감해진 국민들을 설득하기 위해서는 보수당으로서도 복지와 기간산업의 국영화를 전제로 하는 합의 수용이 불가피했다. 전쟁 직후인 45년 복지를 강령으로 내세운 노동당의 애틀리(Clement Attlee)가 전쟁영웅인 처칠에게 대승을 거둔 사건은 보수당에게 커다란 충격이었으며, 이로 인해 기본노선의 변화가 불가피해졌다.

또한 완전고용을 기반으로 한 노조의 영향력이 높아졌는데, 완전고용과 국유화의 진전으로, 노조의 조직 및 권한이 대폭 강화되었다. 양당은 51~64년 동안 완전고용을 선거강령으로 채택할 정도로 고실업은 허용 불가능한 것으로 간주되었으며, 그 결과 48~70년 동안 실업률이 3% 이내에서 안정화되었다.

국가의 간섭 하에 전시경제가 형성된 후에도 자연스럽게 혼합경제 개념이 도입되고, 기본적인 에너지 부문의 국유화가 단행되었다. 실업률이 최저로 떨어지고, 주요 산업부문의 국유화로 고용보장이 강화되면서 노동조합의 영향력이 대폭 강화되었는데, 이로 인해 전쟁 이후 51년까지 여당이었던 노동당은 모든 관련정책을 노조와 상의하는 선례를 남겼고, 이러한 노조의 특권은 정도의 차이는 있지만 대처정권 이전까지 유지되었다. 그리고 60년대와 70년대에 걸쳐 노조의 영향력은 정부에 저항할 수 있을 정도로 커졌다.

이러한 고비용과 비효율을 초래한 합의정치의 폐해는 다양한 결과로 나타났다. 완전고용을 경제목표의 최우선 순위로 추진한 결과,

공기업을 중심으로 과잉고용이 생겨나는 한편, 생산성 향상을 능가하는 임금인상이 매년 반복되었다. 또한 사회복지정책은 사회 안정에 기여했지만, 과다한 세금부담을 초래했으며, 정부는 합의를 이끌어내는데 주력할 뿐 문제를 해결하고자 하는 의지가 결여되어 합의라는 개념은 '정부개입' 또는 '해결사로서의 정부'를 전제로 하는 것이지만, 영국 내각들은 경제문제 해결은커녕 어떻게 하면 경제침체를 막고 회복을 도모할 수 있는 지에 대한 명확한 계획조차 없었을 정도로 무일관으로 대처했다.

이로 인해 70년대에 접어들면서 완전고용이 불가능하게 되자, 영국 정부는 경제성장이야말로 만병통치약이라고 단정하며, 경기부양 과정에서 국가의 역할을 계속 확대했으므로, 재정고갈과 관료주의적 간섭을 초래하기에 이르렀다. 또한 "합의정치는 신념, 원칙, 가치와 정책을 저버린 채 문제해결을 회피하며 방법상의 동의만을 구하는 과정으로 전락"하였음을 대처 수상은 연설을 통해 직언했다. 79년 대처 보수당 정부의 출범으로 수십 년 전통의 합의정치 시대는 종말을 고하고, '신념정치(conviction politics)'의 시대가 도래했다.

사회주의 복지정책과 영국병의 심화

영국 정부는 전후~70년대 후반까지 국유화정책을 유지해 왔다. 당시 노동당의 애틀리 정부(45~51년)는 철강, 석탄, 전기, 가스, 철도, 통신, 방송 분야 등을 잇달아 국유화하였으며, 이후 보수당 정권 하에서도 국유화정책은 그대로 유지되어 대처수상 취임 이전 80여 개의 기업을 정부가 소유함에 따라 자본주의 국가 중 국영기업이 최다에 이르렀다. 이로 인해 1970년대 후반의 영국은 영국병의 심화로 '대영제국 멸망론'까지 대두되었다. 이는 높은 인플레이션, 낮은 경제성장률, 계속되는 노조파업으로 사회혼란이 극심해졌으며, 영국의 말기적 현상에 대해 호주의 한 신문이 '영국병(British disease)'이라는 표현을 처음으로 사용하기에 이르렀다. 여기에서 영국병은 국가개입, 사회주의적 계획경제를 내세우는 영국형 사회주의에 기인한 것이다. 이와 더불어 영국은 1976년에 IMF에 구제금융을 신청해야 하는 2류국으로 전락하였으며, 집권 노동당의 친노동자 정책으로 인해 재정적자 확대, 빈번한 파업, 과도한 임금인상 등이 지속되었다.

그 결과 외환위기가 초래되어 76년 12월 노동당 정부는 IMF에 구제금융을 신청했으며, IMF는 영국 정부에 40억 달러를 지원하면서 임금억제와 재정지출 삭감을 요구했다. IMF 긴축프로그램으로 영국은 예산·통화정책의 주권을 포기하고, 경제정책을 전면 수정하였으며, 2년 만에 IMF 관리체제를 졸업했지만, IMF의 긴축 프로그램 후유증으로 노동자들의 불만이 폭발하기에 이르렀다.

영국의 노동조합은 1970년대에 '제2의 정부' 행세를 할 정도로 막강했다. 1900년 노동조합 운동을 모태로 노동당을 출범시켜 '영국을 지배하는 것이 의회인가, 노조인가'라는 말이 회자될 정도로 노조의 정치적 영향력은 막강했다. 특히, 1970년대 영국의 빈번한 정권 교체와 노조의 영향력으로 인해 노동당 정부는 노동조합의 이익을 대변해서 복지정책, 완전고용정책, 노동조합의 과보호정책 등을 실시했으며, 노조는 정부의 완전고용정책을 무기로 파업을 통한 임금인상에 주력했다.

그 후 68년부터 노동법을 개정해야 한다는 여론이 대두되었지만, 히스, 윌슨, 칼라한 내각의 노동법 개정 시도는 모두 실패했고, 히스 보수당 정부는 소득정책을 통해 노조의 자율적인 임금억제를 유도했지만, 노조의 반발로 실패했다.

윌슨 노동당 내각의 사회계약추진도 역시 노조 반대로 무산되어 결국 노조는 노동당의 '최악의 친구(worst friend)'라고 표현될 만큼 노동당에게도 부담스러운 존재가 되었다. 이 뿐만 아니라 IMF 졸업 전후로 영국 정부의 임금정책에 저항하는 전국적인 파업이 발생해서 무정부사태를 초래했다. 이는 임금인상 폭을 둘러싸고 정부와 노조가 마찰을 빚은 결과로, 정부의 5% 임금인상안이 노조가 정부에 제시한 수준과 5배 이상(20~40%) 차이가 났기 때문에 정부와 노조의 대립은 극에 달했다.

이로 인해 78년 가을~79년 봄 공공부문의 파업사태가 확산되었고, 78년 9월 포드자동차의 파업을 계기로, 26년 이래 최대의 총파업이 발생했다. 그리고 79년 봄, 150만 명의 공공분야 노동자들이 24시간 파업에 돌입함으로써 학교, 병원, 공항 등 사회의 전 기능이 마비되기에 이르렀다.

당시 국민들의 원성은 가라앉지 않았고, 노동자들의 불만이 고조됨에 따라 78년 말까지 전국적인 파업사태가 계속되었다. 파업확산으로 소방, 쓰레기 처리, 응급환자 수송, 시체매장 등 국가 주요기능이 마비되었다. 길거리에 쓰레기가 쌓이고, 응급환자는 방치되었으며, 시체매장이 제때 이루어지지 않아 악취가 진동했다. 계속되는 공급제한 조치로 주유소에는 석유를 사려는 사람들이 장사진을 이뤘고, 사무실 난방이 끊기는가 하면, 단전조치가 확산되면서(Guardian 誌) 74년 히스 정부의 정치적 패배와 79년 '불만의 겨울' 사태가 벌어지면서 노동당 정부가 침몰하는 계기가 되었다. 이는 노조의 힘에 더 이상 끌려 다니지 않는 강력한 지도자에 대한 사회적 요구가 증가한 것이다. 이로 인해 79년 '영국병 치유'를 개혁의 기치로 내건 대처의 보수당이 압도적으로 승리했다.

결국 '불만의 겨울'로 칼라한 노동당 내각의 불신임안이 통과됨에 따라 79년 2월 실시된 총선에서 노조에 의해 조종되고 있는 노동당의 리더십에 크게 실망한 영국 국민들이 보수당을 선택함으로써 '불만의 겨울'이 보수당 정권을 탄생시키는 결과를 낳았다.

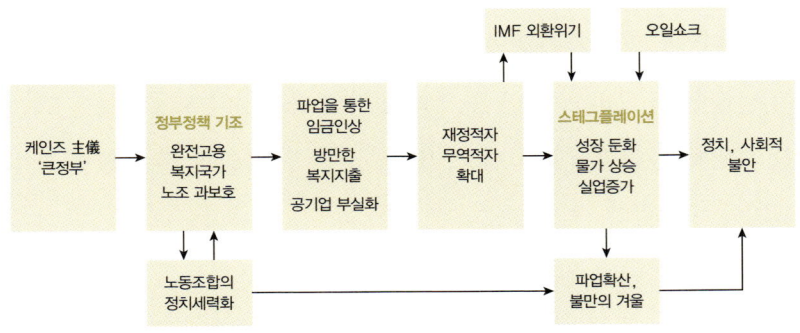

[그림 7] 대처수상 등장 이전의 상황

자료: 삼성경제연구소(2004). 국민소득 2만불로 가는 길: 국가리더십 사례. p.714.

2

철의 여인 대처와 영국 정치

마가렛 대처의 프로필

약력

- 1925.10.13 영국 중부지방인 랭커셔(Lancashire) 주의 그랜덤(Grantham)에서 잡화상인 아버지 알프레드 로버츠(Alfred Roberts)의 둘째 딸로 출생
  ※그랜덤은 영국왕가의 역사와 관련된 인구 3만 명의 소도시임
- 1950년 옥스퍼드대학 서머빌 칼리지 졸업(화학과 미술 전공)
- 1950년 국회의원 선거에 출마하여 낙선
- 1947~51년 런던의 한 회사 연구원으로 근무하면서 변호사시험 준비
- 1952년 데니스 대처(Denis Thatcher)와 결혼

- 1954년 변호사 시험 합격(세법 전공)
- 1959년 34세에 의원 당선(보수당, 런던 북부의 핀츨리)
- 1975년 보수당 당수로 선출
- 1979년 여성 최초로 수상에 당선
- 1983, 87년 재선, 3선
- 1990년 수상직 사임

대처의 정치 철학은 무엇인가

프로테스탄트(감리교) 가정의 종교적 분위기 속에서 성장한 대처수상은 전형적인 중산층 계급들이 모여 사는 소도시에서 자랐다.

아버지 알프레드는 감리교 교리와 빅토리아 여왕시대의 검소한 생활양식을 갖춘 인물이었으며, 신념, 자조와 근면, 노력, 성실을 원칙으로 하는 금욕주의자였다. '네가 할 일은 네가 스스로 결정해야 한다'라고 자녀들에게 강조했으며, 잡화상을 운영하면서 자수성가하여 그랜덤 시장에 오른 자수성가형 부모였다.

대처의 성장 과정에서 아버지의 영향력은 절대적이었으며, 감리교적 신앙심과 빅토리아 시대의 유산이 대처의 인격형성에 그대로 반영되었다. 아버지는 대처를 정치에 입문하도록 한 장본인이며, 어린 시절의 경험을 전통적 가치의 기준으로 삼아 '그랜덤주의'라고 부를 정도로 영향력이 지대했다.

이로 인해 대처는 대학시절부터 정치에 깊은 관심을 갖게 되었는데, 서머빌 칼리지는 급진파의 본거지로, 대처는 대학생활 동안 외톨

이 생활을 했다. 열심히 공부하는 착한 학생이었지만 성적은 보통인 대기만성형이었다.

전공은 화학이었지만 정치에 깊은 관심을 보여 옥스퍼드대학교의 보수협회(OUCA)에서 회장으로 활동할 정도로 적극적이었으며, 1945년 20세에 이미 국회의원 선거에서 보수당 후보를 위해 선거유세 활동을 할 정도였다.

대처는 조직도 없는 외곬수의 소수파 정치인이었다. 그 당시에는 유머가 정치인에게 없어서는 안 될 필수 덕목이었고, 취미가 많다는 것은 정치 식견이 넓다는 것을 의미했다. 일례로, 처칠은 노벨 문학상 수상자이자 아마추어 화가였으며, 히스는 요트맨이자 오케스트라 지휘자였다. 하지만 대처는 정치 이외의 일에는 눈을 돌리지 않는 정치만을 바라보는 순수 정치인이었다.

이런 전문성으로 인해 대처는 소련으로부터 '철의 여인'이라는 별명을 얻었다. 75년 보수당 당수 취임 이후 첫 연설에서 대처는 서방세계의 데탕트무드와는 완전히 다른 시각으로 소련을 비난하고 공격했는데, 이 때문에 소련 측으로부터 '철의 여인(Iron Woman)'이라는 별명을 얻게 된 것이다.

대처는 프랑스의 드골과 같은 민족주의자로, 루디아드 키플링(Rudyard Kipling)의 작품을 좋아했다. 키플링은 영국의 소설가이자 시인으로 대영제국을 찬미하는 작품을 많이 썼다. 따라서 빅토리아시대를 흠모하고, '빅토리아시대로 돌아가자'는 슬로건을 주창하기도 했으며, 신자유주의 정책을 추구하여 경제주체들의 DIY(Do It

Yourself) 정신을 강조함과 동시에 국유화정책에 의한 지나친 복지정책을 반대했다.

대처 수상은 당시 영국을 대중자본주의(Popular Capitalism)의 나라로 만드는 것이 꿈이었으며, 영국 국민 모두를 중류계급으로 만들고, 영국인 개개인이 자본주의자가 되는 경제사회를 지향하고 영국형 사회주의와 대치되는 정책 이념을 구상했다.

'큰 정부'를 주장하는 케인즈주의를 배격하고, 전후 전통적인 합의제 정치에도 반대한 대처의 '작고 강한 정부'는 국부론의 아담 스미스, 프리드리히폰 하이에크, 밀턴 프리드먼, 슘페터 등에 이론적 근거를 제시했다.

대처의 정책노선은 키스 조셉(Keith Joseph)으로부터 직접적인 영향을 받았으며, 조셉은 '대처리즘의 지적 설계사', '사상의 장관(minister of thought)'으로 불리웠다. 그는 정책연구센터(Centre for Policy Studies) 소장 재직 시 하원의원인 대처를 부소장으로 임명했으며, 대처에게 왜 자유시장 경제여야 하는가에 대한 확고한 철학을 심어줌으로서 대처리즘을 태동시킨 대처의 사상적 스승이었다.

위기의 영국을 살린 대처리즘(Thatcherism)
대처리즘의 주요 내용

대처리즘(Thatcherism)이란 대처 수상(79~90년, 3기 집권)이 추진했던 개혁정책을 총칭하는 말로, 대처 수상은 시장경제 원리를 중시하고, '작고 강한 정부'를 지향했으며, 강도 높은 구조개혁을 추진한 결과, 작은 정부의 규제완화와 시장기능의 극대화(경제부문), 지방자치단체의 권한 축소, 중앙정부로 권력을 집중하여 포클랜드전쟁을 감행하는 등 정치부문의 권한을 강화했다.

대처리즘의 주요 내용은 노조 개혁, 공기업 민영화, 정부기능 축소, 기업 규제 완화, 외국인 투자유치, 금융개혁(빅뱅) 등이다. 특히, 포클랜드전쟁은 대처수상의 리더십에 큰 분수령이 되었는데, 대처수상도 집권 초기부터 강력한 리더십을 발휘했던 것은 아니었다. 집권 초기에 대처 수상은 보수당 내에 지지기반이 없었으며, 정적인 히스전 수상의 인맥들이 내각을 장악하고 대처를 곤경에 빠뜨렸다. 그러나 아르헨티나와의 포클랜드전쟁(82년 3월~6월)을 계기로, 대처는 개혁에 필요한 강력한 리더십을 확보했으며, 전쟁 직후 대처수상의 지지율은 60%에 육박했다. 경제난에도 불구하고 83년 총선에서 보수당은 압승했고, 야당과의 의석 차를 43석에서 144석으로 확대시켜 놓았다.

대처수상은 집권 초반인 80년대 초 극심한 불황에 직면하면서 인기가 하락했는데, 영국은 80년과 81년에 각각 −2.3%, −1.2%의 마이너스 성장을 기록했고, 실업률은 80년의 6.8%에서 82년 11%로 급상승했다.

산업계, 노동계 그리고 보수당 내부에서도 긴축정책 대신 경기활성화 정책을 펴야 한다고 대처를 압박했으며, 보수당 내 정적인 히스전 수상은 긴축정책을 변경하지 않는다면 비참한 결과를 초래할 것이라고 경고했다. 대처 수상에게는 포클랜드 전쟁이 전화위복의 계기가 되었고, 영국인들은 포클랜드 전쟁과 마찬가지로 경제전쟁에서도 대처가 구국의 영웅이 될 것으로 믿었다. 대처는 83년 총선에서 보수당이 압승을 거두면서 당권을 완전히 장악하기에 이르렀다.

이후 대처총리는 영국병 치유를 위해 과거 노동당 정부가 추진하지 못했던 과감한 구조개혁을 추진했고, 노조 개혁, 국영기업 민영화, 주주의 대중화, 공영주택 불하, 조세체계 간소화와 세율 인하, 교육제도 개혁 등을 추진했다.

대처는 신자유주의 경제정책의 도입으로 경제정책을 분배에서 성장 위주로 전환했고, 정책갈등 시에 해결 원칙으로 분배보다 성장을 중시했으며, 완전고용 대신 인플레 억제를 거시경제정책의 최우선 목표로 설정했다.

또한 소득세 및 법인세 삭감과 세제개혁을 통해 비대해진 국가기능을 축소하고, 경제를 활성화시킴과 동시에 소득세 삭감을 위해 최저세율 [33%→30%(79년)→25%(88년)]을 단계적으로 인하했다. 주식배당 등의 투자소득도 최고세율[83%→60%(79년)→40%(88년)]로 낮추었으며, 법인세도 79년 42%에서 84년 30%로 낮추었다. 이와 동시에 '시장경제' 위주의 구조조정에 착수해서 산업보조금 축소, 공기업 민영화를 최우선으로 추진했는데 그 세부 내용을 살펴보면 다음과 같다.

[표 2] 대처리즘의 시기별 추진내용

1기 ('79~'83)	2기 ('83~'87)	3기 ('87~'90)
인플레이션 억제를 위한 통화 금융정책	노조개혁, 사유화, 탈규제	교육 및 직업훈련 체계와 지방정부 개혁

노조개혁

당시 경직된 노동시장과 빈번한 파업, 잦은 피케팅 등 전투적인 노사분규가 영국병의 주범이었다. 따라서 대처는 노사관계의 근본적인 개혁과 총체적인 패러다임의 변화 없이는 영국병의 치유가 불가능하다고 판단했는데, '불만의 겨울'이 노조개혁의 결심을 굳히게 한 결정적인 계기가 되었다. 이를 위해 대처는 점진적, 단계적으로 노조 세력을 무력화시키기로 했다. 이는 히스 보수당 내각이 71년 단일 포괄 입법을 통해 노조개혁을 시도했지만 노조 반발로 실패한 경험이 있었기 때문이다. 대처는 79~90년 동안 5개의 노동법을 통과시켜 노조 내 민주주의를 부활시키고, 노조의 면책특권을 대폭 축소시켰다. 당시 노조의 면책특권은 1906년 노총이 노동당을 설립할 당시에 제정한 것으로, 노조 간부가 노사분규를 계획하거나 노사분규를 진행시키기 위해서 하는 행동에는 법적 책임 면제(제3조)와 동시에 노동조합이 했거나 또는 노동조합을 위해서 한 행위가 어떤 불법행위에 해당된다고 간주되더라도 소송의 대상이 되지 않음(제4조)에 따라, 면책특권은 노조가 실정법을 초월한 힘을 갖게 하는 기반이 되었는데 그 주요 내용을 살펴보면 다음과 같다.

① 영국의 노사관계 개혁은 1970년대 말 경제위기 속에서 진행됐다. 1970년대 말 영국의 전후 정치경제체제의 위기 속에서 노동당 정부에서 보수당의 대처 정부로 정권이 바뀌었다. 노사관계 개혁은 영국 체제 개혁과 함께 동시에 온 것이다. 대처 수상이 정권을 잡을 즈음의 전후 영국 정치경제체제는 경쟁력을 상실한 상태였다. 따라

서 국가 보조금에 의해 지탱되고 있었던 민간제조업과 공공부문의 완전고용이라는 목표를 수정하고 개혁할 수밖에 없었다.

영국의 자본주의는 이미 20세기에 들어서면서 미국, 독일 등에 의해 밀리기 시작했지만, 제2차 세계대전 이후 영국은 전후 호황 속에서 서유럽 자본주의 국가의 전후 3대 사회적 합의라고 할 수 있는 케인즈주의 경제정책, 완전고용, 복지국가에 기초하여 일정한 성장을 이룰 수 있었다. 더구나 과거 제국주의의 유산, 런던 금융시장, 그리고 경쟁력이 약화되긴 했지만, 여전히 제조업과 기초기술을 갖고 있었다.

영국은 포드주의의 불완전한 도입, 1970년대에 2차례의 석유 파동을 거치면서 높은 물가인상과 임금인상, 갈등적 노사관계 등이 겹치면서 위기를 맞이했다. 많은 제조업과 공기업들이 완전고용 유지를 위해 막대한 정부 보조금을 받아가면서 유지되고 있었지만, 이미 경쟁력을 잃었거나 비효율적인 측면을 안고 있었다.

1970년대 말 캘러헌 노동당 정부는 전후 복지국가 모델에 기반을 둔 영국의 정치경제체제가 산업경쟁력의 상실로 위기에 봉착한 가운데 노정간의 사회적 합의를 통해 임금억제와 물가인상 억제를 통해 위기를 극복하려고 했지만 실패로 돌아갔다.

아래 〈표 3〉에서 보는 바와 같이 1979년 노동당 정부 말기에 영국노조의 조직률은 53.0%로 매우 높았고, 파업건수는 현장에서의 작은 분규를 제외하더라도 2,000건을 넘고 있었으며, 그로 인한 노동손실 일수가 매우 높은 수준이었다. 더구나 세계의 모든 나라들이 2차

[표 3] 1974~1979년 노동당 정부의 노사관계 주요지표(단위: %, 건, 천 일)

구분	조직율	파업건수	노동손실일수	실업율	임금 인상율	물가 상승율
1974	47.4	2,922	14,750	2.0	17.8	129.9
1975	48.6	2,282	6,012	3.1	26.5	23.4
1976	50.5	2,016	3,284	4.2	16.2	16.6
1977	52.3	2,703	10,142	4.4	9.0	9.9
1978	53.1	2,471	9,405	4.3	13.0	9.3
1979	53.0	2,080	29,474	4.0	15.5	18.4

자료: Waddington(2003), Office for National Statistics.

례에 걸친 석유파동 속에서 노사정 타협과 임금억제, 물가억제를 통해 경제위기를 극복하려고 노력하는 가운데, 영국에서는 높은 물가 인상률과 높은 임금인상률로 인한 악순환의 고리가 노사분규를 부채질하고 있었다.

② 대처는 한꺼번에 노조를 꺾은 것이 아니다. 대처는 노조와 노사관계를 아주 서서히 개혁해 나갔다. 흔히 일부 언론이나 정치인, 학자들조차도 대처 수상이 막강했던 노조를 한 번에 꺾은 것으로 알고 있지만 영국의 노동운동은 1970년대 초반에 에드워드 히스 보수당 정부와 대결해서 정부를 물러나게 한 적이 있고, 1979년 불만의 겨울 때 공공부문 노조는 노동당 캘러헌 정부를 물러나게 하는 등 막강한 힘을 가지고 있었다. 보수당의 대처 수상은 역사적 경험을 통해 자칫 노조와 전면전을 벌이다가 정권이 무너질 수도 있다는 사실을 그 누구보다 잘 알고 있었다. 따라서 대처수상의 보수당 정부는 영국 노사관계의 개혁, 그리고 노조의 약화를 위해서 점진적인 개혁을 시도했다.

[표 4] 1970~1980년대 영국의 파업건수와 그로 인한 노동손실일수(단위: 건수, 일)

구분	파업건수	노동손실일수
1974~1979	평균 2,412	평균 12,178,000
1980	1,348	11,964,000
1981	1,344	4,266,000
1982	1,538	5,313,000
1983	1,364	3,754,000
1984	1,221	27,135,000
1985	903	6,402,000
1987	1,016	3,546,000
1980~1989	평균 1,129	평균 7,213,000

자료: Waddington(2003), Office for National Statistics.

위의 〈표 4〉에서 보는 바와 같이 영국의 노사관계는 하루아침에 개혁된 것이 아니다. 대처 정부가 집권한 뒤에도 탄광노조의 파업이 있었던 1984년과 1985년을 제외하고도 노동조합은 상당한 힘을 갖고 있었다.

대처정부는 단계적으로 노조의 힘을 약화시키고, 노사관계를 바꾸기 위해 노동관련법을 개정해 왔다. 노동당 정부 시절 그토록 막강해 보였던 노동운동은 높은 실업률, 노동당 정부 아래에서의 무분별한 파업 등으로 국민들의 원성을 샀으므로, 국민의 지지를 받고 출범한 대처정부의 점진적 노조 약화 정책과 노사관계 개혁 조치에 대해 효과적으로 저항할 수 없었다.

대처정부의 노조 약화 정책과 노사관계 개혁은 아래와 같은 노동법의 개정을 주요 수단으로 추진되었다. 민법으로의 회귀를 통해 노조에 대한 면책특권 축소와 손해배상 청구, 단체교섭에 대한 지원수단 축소, 파업과 단체교섭의 대상 축소, 우편투표 도입 등 파업에 대한 절차적 규제 강화, 파업에 따른 해고요건의 완화, 클로즈드숍의 불법화, 노조의 내부 운영에 관한 직접적 개입, 부당해고요건의 완화, 최저임금제의 폐지 등이 그것이다.

③ 탄광노조의 무리한 파업은 오히려 대처의 노조 개혁을 도와준 격이 되었는데, 대처수상의 탄광 구조조정과 노조약화에 대항한 탄광노조의 무리한 파업은 노조운동을 더욱 약화시켰다. 영국정부는 1980년대 초 당시 국제가격보다 훨씬 높은 가격으로 석탄을 생산하고 있었던 석탄 산업에 상당한 보조금을 주고 있었다. 1981년 대처 정부는 탄광노조를 비롯한 노조와의 전면적인 대결은 무리라고 판단하고, 탄광노조의 파업에 부분적인 양보를 하기까지 했다.

1983년 3월, 국유화되어 있던 탄광을 관리하는 전국석탄위원회의 이안 맥그리거(Ian MacGregor) 의장은 전국탄광노조 지도부를 만나 석탄산업의 축소 계획, 특히 1984~1985년 400만 톤의 석탄 생산량을 줄이고, 광부들의 일자리도 2만 개 정도 줄일 필요성이 있음을 강조했다. 이에 당시 강경 좌파였던 아서 스카길이 이끄는 탄광노조는 노동조합의 조직적인 투쟁력을 바탕으로 탄광폐쇄를 반대하고 나섰다. 당시에는 이미 실업자가 300만 명에 이르렀고, 영국노총 소속 조합원수가 300만 명이나 감소하고 있었다.

대처 정부는 탄광노조와 전면대결을 하기 위해 파업 대비책을 철저하게 세웠다. 석탄재고의 확보, 싼 외국석탄 수입경로 확보, 석탄 비수기 선택, 석탄을 연료로 하는 발전소에 석유연료 사용시설 확보,

대규모 기동경찰대 창설로 피켓팅 방지 대비 등이었다. 1984년 대처정부는 탄광노조와의 전면대결을 의식하면서 석탄산업의 구조조정을 위해 비효율적인 일부 탄광을 폐쇄하겠다고 발표했다.

탄광노조 지도부는 당시 석탄산업의 구조조정 필요성을 무시하고, 역으로 채탄량 2배 증대, 30~40개 신규탄광 개발, 주 4일 근무제, 주 100파운드의 최저임금 보장, 연금 인상, 국가보조금 인상 등의 무리한 주장을 관철시키기 위해 파업에 들어갔다. 파업이 진행되는 동안 대처정부는 다른 공공부문의 파업에 대해서는 유화적인 태도를 보여 타협을 하면서 탄광노조를 고립시켰다. 또한 석탄산업 구조조정의 필요성에 대한 면밀한 검토 없이 국민적 여론을 의식하지 않고 파업에 돌입한 탄광노조에 대해 영국노총을 비롯한 다른 노조들의 반응은 냉담했고, 파업에 대한 연대 의사가 없음을 내비쳤다.

탄광노조가 파업 찬반투표 과정을 거치지 않고 파업에 돌입했기 때문에 법을 위반했다는 이유와 함께 노조간부들은 불법파업에 중앙 노조기금과 지역 노조기금을 사용해서 신뢰와 신용의무를 위반했다는 고소를 당했다. 파업찬반투표를 거치지 않았기 때문에 5만 파운드의 벌금형과 함께 노조가 노조 규약을 지키지 않았다는 이유로 법원은 노조 기금의 몰수를 판결했다.

정부와의 대결에 거의 1년을 허비한 탄광노조의 파업이 실패로 돌아간 후, 노동계는 자신감을 상실했다. 파업 뒤 탄광노조 노조원 수는 6만 5,000명으로 감소했고, 석탄산업에 종사하는 광부의 수는 1983년 18만 7,000명에서 1989년 8만 5,000명으로 대폭 줄어들었다.

[표 5] 영국 노조조직률의 저하(단위: 천 명)

구분	1960	1970	1975	1979	1985
조합원 수	9,437	10,672	11,561	12,639	10,282
조직률	44.0%	48.5%	52.0%	55.8%	49.0%
구분	1990	1995	1998	2001	2005
조합원 수	8,835	7,309	7,155	7,295	6,394
조직률	38.1%	32.1%	29.6%	28.8%	29.0

자료: Waddington(2003), Office for National Statistics.

탄광노조가 고용유지를 위해 보조금에 의지하던 석탄산업의 구조조정을 거부하면서 오히려 정부의 보조금을 늘리라는 시대착오적 주장을 하면서 파업을 벌였기 때문에 노조는 대처 정부가 노조정책에서 노조보다 확고한 우위에 설 수 있는 기틀을 마련해준 셈이 되었다. 결국 탄광노조의 무리한 파업이 노동운동의 자신감 상실과 노조의 세력 약화로 이어지는 중요한 계기가 되었다. 때문에 대처정부는 노조를 약화시키기 위한 입법을 더욱 본격적으로 도입할 수 있었다.

④ 대처의 노동개혁은 개별 노동자들의 권리도 약화시켰다. 대처정부는 노조 약화와 집단적 노사관계를 개혁했을 뿐만 아니라, 개별 근로자들의 권리도 크게 약화시켰다. 300만 명에 달하는 저임금노동자들에게 적용되고 있었던 업종별 최저임금제(wages councils)를 폐지함으로써 상대적으로 높은 실업률 속에 취약계층 노동자들이 받는 임금수준을 더욱 낮출 수 있게 했다. 보수당 정부 아래에서 고임금소득자와 저임금노동자 사이의 임금격차가 크게 확대된 것은 당연한 귀결이었다.

또한 보수당 정부는 사용자가 절차 미준수나 차별 등에 따른 부당해고라는 부담 없이 아무런 사유 없이도 자유롭게 해고할 수 있는 대상자를 기존의 근속 6개월 미만의 근로자에서 2년 미만의 근로자들에게까지 연장함으로써 사실상 무제한 해고의 자유를 허용했다. 사용자의 특권을 보장하는 대신 근로자들의 고용안정을 무시하는 정책을 취한 것이다. 또 여성과 청년 노동자들에 대한 보호(갱내작업, 야간 작업금지)조항이 제거되었다. 뿐만 아니라, 보수당 정부는 유럽연합에서 1989년 12월 합의한 사회헌장 및 동일노동, 동일임금, 집단적 정리해고, 사업의 양도, 비정규직 노동시간 등과 관련하여 발효된 각종 법적 지침(directives)의 적용을 거부했다.

결국 보수당 정부는 개별 노동자들의 보호 규정, 유럽연합 회원국들에게 적용되는 지침들(노동자들의 사회적 권리)을 거부함으로써 결국 경쟁과 규제 완화라는 명분 아래 사용자 편향적인 정책을 편 것이다.

⑤ 영국경제의 부활 속 그늘인 노조가 약화된 만큼 생산력은 강화됐다. 이런 노동개혁, 민영화, 복지축소를 통해 전후 정치경제체제를 개혁하면서 노동시장의 유연화, 경제구조 개혁, 해외자본의 유치 등을 통해서 영국경제가 다시 성장할 수 있는 계기가 마련되었다.

[표 6] 영국의 GDP 연평균 성장률(단위: %)

Year	United Sates	EU 15	France	Germany	United Kingdom	Japan	South Korea
1970~79	3.28	3.27	3.73	3.00	2.44	5.28	8.53
1980~89	3.00	2.27	2.38	1.97	2.42	3.85	7.55
1990~99	3.02	1.98	1.77	1.70	2.09	1.66	6.06
2000~06	2.93	2.09	2.12	1.50	2.51	1.77	5.21

자료: USDA

위의 〈표 6〉에서 보는 바와 같이 영국은 1970년대 다른 경쟁 국가들보다 경제성장률이 뒤쳐져 있었다. 그러나 1980년대 초 마이너스 성장에도 불구하고 1980년대~1990년대에 이르기까지, 다른 나라들은 성장률이 떨어졌지만, 영국은 1970년대 수준 혹은 그보다 약간 낮은 성장률을 유지함으로써 미국을 제외한 다른 경쟁 국가들보다 빨리 성장할 수 있었다. 2000년대 들어와서 영국은 성장률을 회복해서 유럽의 다른 나라들보다 높은 성장률을 유지했는데, 평균 성장률은 2.5% 정도였다.

영국경제의 비교적 높은 성장률에도 불구하고 영국 경제에 그늘은 남아 있다. 노동에 대한 규제 완화, 노조의 현저한 약화에도 불구하고 영국의 제조업은 보수당 정부 아래에서도 쇠퇴과정을 겪어 왔다. 대처 정부 하에서 1979년 7백 만을 웃돌았던 영국의 제조업 고용 인구가 1990년에는 4백 만으로 줄어들었다. 보수당 정부 하의 영국 제조업은 상당수가 공장폐쇄, 생산축소, 해외시장의 상실 등 퇴보적인 구조조정 과정을 거쳤다.

뿐만 아니라, 1997년 토니 블레어 총리가 집권한 뒤로도 제조업의 고용은 1백 만 개가 줄어들었다. 결국 제조업의 구조조정은 생산성의 높은 증가에 따른 전진적인 탈산업화의 결과가 아니라, 생산성의 상대적 정체 속에 이루어진 퇴영적 탈산업화의 형태로 이루어졌으며, 제조업 고용 인력은 대폭 감축되었다. 영국 자동차산업의 상징이었던 로버(Rover)자동차가 영국 환자(English Patient)가 되어 몰락한 것도 제조업 쇠퇴를 상징하는 것으로 기록되고 있다.

[표 7] 영국의 상품무역수지 추이(단위: 백만 파운드)

년도	상품 수출액	상품 수입액	상품 무역수지
1980	37,163	35,632	1,531
1985	57,590	69,785	-12,195
1990	87,072	108,229	-21,157
1995	136,465	153,828	-17,363
2000	160,347	199,005	-38,658
2001	162,591	206,231	-43,640
2002	160,967	210,840	-49,873
2003	161,431	212,703	-51,272
2004	162,467	224,251	-61,784

주: 제품수출액과 제품수입액에는 석유와 불규칙적인 제품의 수출입액은 제외되었음.
자료: Office for National Statistics.

토니 블레어(Tony Blair) 영국 총리도 2000년 12월 1일 연설에서 제조업의 낮은 생산성 문제를 제기했고, 미국 하버드대학의 마이클 포터(Michael Porter) 교수도 영국 기업들이 기존의 비용 위주 경쟁에서 부가가치, 혁신 중심의 전략으로 옮겨갈 필요성을 제기했다.

제조업만을 본다면, 영국은 대처 정부에 의해 노조의 약화를 성공적으로 이루었지만, 제조업의 부활 혹은 성공적 고도화를 낳지는 못했다. 그 결과 위의 〈표 7〉에서 보듯이 상품무역에서의 역조현상은 여전히 확대되어 2006년에는 상품무역 적자 규모가 709억 파운드(약 1,400억 달러) 규모로 커졌다.

영국의 소득불평등도는 1970년대 노동당 정부 시절에는 완화되었다가 대처 정부가 주도한 노조와 노사관계 개혁의 결과, 그리고 사회복지제도의 개혁의 결과로 지니계수 값이 급격하게 높아지는 것을 볼 수 있다. 영국에서 대처 정부가 이미 위기에 봉착한 영국의 전후 정치경제체제를 신자유주의적 개혁으로 바꾸어 놓았으나, 그 이면으로 소득불평등, 임금불평등이 심화되는 사회적 양극화를 가져왔다. 노동당 정부가 보수당 정부의 주요 정책을 이어받아 추진한 결과, 소득불평등도에서 별다른 개선을 하지 못하고 오히려 악화시키기까지 했다.

대처정부와 그의 뒤를 이은 존 메이저 보수당 정부에 의해 영국의 집단적 노사관계는 개혁이 되었지만, 지나치게 신자유주의로 기울어 소득불평등, 근로자의 개별적, 집단적 권리의 제한 등이 문제점으로 드러났다.

아래의 〈표 8〉에서 나타나는 바와 같이 영국은 1990년대와 2000년대 들어 노조의 약화와 함께 노사관계의 개혁 이후 파업건수나 파업으로 인한 노동손실일수가 눈에 띄게 줄어들었다. 그러나 이와는 반대로 개별 노사분규(부당해고, 동일임금, 성차별, 인종차

[표 8] 영국 노조의 약화와 노사관계 개혁 이후

구분	파업건수	노동손실일수	개별알선 화해건수 (알선중재위원회)	고용심판소 제소 건수
1974~79	평균 2,412	평균 12,178,000		
1983	1,364	3,754,000	42,943	39,939
1985	903	6,402,000	42,887	37,910
1987	1,016	3,546,000	40,817	34,233
1980~89	평균 1,129	평균 7,213,000		
1990	630	1,903,000	52,071	35,826
1993	211	649,000	75,181	69,612
1995	235	415,000	91,568	73,472
1998	166	282,000	113,000	74,006
1991~99	평균 273.4	평균 659,600		

[표 8] 영국 노조의 약화와 노사관계 개혁 이후 (계속)

구분	파업건수	노동손실일수	개별알선 화해건수 (알선중재위원회)	고용심판소 제소 건수
2000	212	499,000	167,186	92,938
2001	194	525,000	165,093	97,386
2002	146	1,323,000	162,932	95,554
2003	133	499,000	176,505	93,973
2004	130	905,000	147,418	97,966
2005	116	157,000	191,885	86,083
2000~2005	평균 156	평균 666,000	평균 170,206	평균 95,214

자료: ACAS Annual Report and Account 각 년도. trade union statistics-Certification Officer Annual Reports. Office for National Statistics. Labour Dispute in 2006. Economic and Labour Market Review Vol 1(6) 2007년 6월호. Employment Tribunals Service. Annual Report & Account. 각 년호. Department of Trade and Industry.

별, 근로계약 위반, 임금보호 등)의 발생빈도를 나타내는 알선중재위원회(ACAS)에 제소하는 건수, 그리고 고용심판소(Employment Tribunals)에 제소하여 처리된 개별 노사분쟁 사건 수는 1980년대보다 2.5배가량 늘었음을 알 수 있다.

이것은 집단적인 노사관계가 약화되면서 개별적 노사갈등이 해결될 수 있는 채널이 없거나 제대로 작동하지 않았기 때문에 개별적인 노사분규로 발생한다고 해석할 수 있다.

⑥ 1997년 노동당 집권 후 보수적 노동개혁은 완화됐다. 보수당 정부의 지나치게 편향된 신자유주의적 노동정책은 1997년 토니 블레어가 집권한 뒤 일정하게 시정되어 왔다.

특히 부활된 전국단일 최저임금제는 2006년 10월 시간당 5.35 파운드(1만700원)로 전체 노동자들의 10%인 약 240만 명에게 적용

[표 9] 전국 최저임금의 시간당 변화(단위: 파운드: 펜스)

구분	1999. 4	2000. 10	2001. 10	2002. 10	2003. 10	2006. 10
22세 이상	3.60	3.60	4.10	4.20	4.50	5.35
18~21세	3.00	3.20	3.50	3.60	3.80	4.45

자료: EIRR 2003. 12. p. 30. Department of Trade and Industry. 2007.

되어 저임금노동자들에게 적지 않은 혜택을 주었다. 여성 근로자의 14%가 이 최저임금의 적용을 받고 있으며, 18~21세 청년 근로자의 40%가 최저임금 적용대상이고, 65세 이상 고령근로자의 23%가 최저임금의 적용을 받고 있다. 최저임금제의 시행에도 불구하고 사용자들이나 보수당에서 우려하던 일자리 감소는 현실로 나타나지 않았다.

또한 노조와 관련된 권리(일정한 요건 충족 시 사용자의 노조 인정 의무, 공공이나 노조의무를 위한 시간 공제, 노조활동 보호), 개별 근로자들의 권리(부당해고, 부당차별 당하지 않을 권리, 남녀 동일임금, 출산유급휴가, 산후 직장복귀 권리, 정리해고 시 퇴직수당 수령 권리, 노동시간 보호, 단시간 근로자에 대한 동일 처우, 계약직 근로자들에 대한 보호)를 부활시키고 있다. 보수당 정부에 의해 노동자들에게 적대적이었던 정책이 노동당 정부에 의해 부분적으로 완화되어 왔다. 그런데 이런 변화는 노동당 정부가 정책의 방향을 근본적으로 선회한 결과라기보다는 유럽연합이 유럽경제통합에 따르는 사회갈등을 완화하고, 사회적 통합을 촉진하기 위해 추진해 온 각종 고용과 노동관련 지침을 영국에 적용함으로써 나타난 것이다.

결론적으로 영국의 노동운동은 영국 경제가 경쟁력을 잃고 위기에 빠졌음에도 불구하고, 노동당 정부 아래에서 사회적 타협에 의한 '협상을 통한 개혁'의 길을 반대하고 협소한 실리를 추구하다 사회적으로 고립되어 보수당의 대처 수상을 맞이한 것이다. 대처 수상이 점진적으로 노동법 개정 등을 통해 노동개혁을 추진하는 과정에서 전투성을 앞세운 탄광노조가 탄광의 구조조정에 반대하며 시대착오적인 요구를 내걸고 투쟁하다가 패배함으로써 오히려 대처 수상의 노조와 노사관계의 개혁은 가속도가 붙게 된 것이다. 이런 방식의 영국 노동개혁은 유럽의 다른 나라들에서 시장개방과 세계화에 따른 유연화 요구를 '협상에 의한 변화'를 통해서 수용함으로써 보다 점진적이고 각 이해당사자의 손익이 일정하게 고려되는 방식으로 이루어질 수 있었던 것과 대비가 된다.

특히 보수당 정부는 영국의 전후 정치경제체제를 노조 약화, 노동법 개정, 사회복지 축소, 민영화 등의 신자유주의적 정책을 추구함으로써 개혁을 성공시키고, 1980년대 중반 이후 성장세를 회복시킬 수 있었다. 그러나 이런 불균등 성장 속에서 제조업의 경쟁력 약화와 많은 일자리의 감소, 소득불평등의 큰 증가, 임금격차의 확대, 개별적 노사분쟁의 증가 등 사회적인 그늘과 양극화가 심화된 원인이 되기도 했다.

따라서 이 같은 원인에 기반한 당시 노동개혁의 주요내용을 종합해 보면 다음과 같다.

① 클로우즈드 숍 제도의 철폐 ② 동정 파업과 지원 파업의 금지 ③ 파업권의 확립, 노조간부 선출 등 주요 안건들의 비밀투표제 실시

이를 계기로 84~85년 가장 강력하고 전투적이었던 탄광노조 파업 제압은 영국 노사관계의 대전환점이 됨과 동시에 대처 수상의 강력한 리더십을 새롭게 인정하는 계기가 되었다. 이 같은 질곡의 어려움으로부터 탈출하기까지의 대처정부와 탄광노조의 주요 개혁 사례를 보면, 대처 정부는 84년 3월, 전국 20개의 탄광 폐쇄와 2만 명의 인력감축을 골자로 하는 석탄산업 구조조정 계획을 발표하여 47년 국유화 이래, 석탄공사와 탄광노조(NUM) 간에 유지되어 왔던 '전후 합의(지역고용에 미칠 영향에 대한 고려와 노조의 동의 없이 폐광하지 않는다'는 원칙)'를 폐기하고, 순수한 '경제성의 원리'에 의해 운영하겠다는 확고한 방침을 천명했다. 그리고 극좌파인 아서 스카길(Arthur Scargill) 위원장이 이끄는 탄광노조를 약 1년간의 총파업으로 대립시켜, 스카길이 총 파업을 결정하는 과정에서 NUM 규약에 명시된 파업 찬반 투표를 거치지 않는 치명적인 실수를 범함에 따라 대처 수상은 "법이 폭도에 의해 제압될 수 없다"고 선언하고, 공권력을 투입하여 강경 대응하는 한편, 투표 없는 파업을 불법화하는 등 고용법까지 개정함으로써 이에 맞섰다.

이는 당시에 대처정부가 노조를 다스리기 위해서는 특히 광부(Minor)와 부두 노동자(Dockers)를 장악해야 한다는 사실을 사전에 면밀히 파악하고, 이에 대한 계획을 실행에 옮김으로써 역전의 기회를 잡게 된 것이다. 따라서 석탄이 별로 필요 없는 시기인 여름을 노려 광산을 폐쇄하였으며, 2년 반 동안 석탄을 미리 비축해 놓고 철저하게 국민들의 불편을 막음으로써 탄광 노조는 1년 후인 94년 3월에

백기를 들고 직장에 복귀함과 동시에 84년 탄광노조 파업 당시 총 1.5백만 명이 파업에 가담했으며, 총파업일수는 27.1백만 일에 달할 만큼 막대했지만, 끝내는 백기를 들고 개혁에 동참하기에 이르렀다.

노조개혁 이후 노사분규와 이에 따른 노동손실일수가 현저히 감소함에 따라 노사분규로 인한 연간 노동손실 일수는 70년대에 약 1,300만 일이었지만, 80년대에는 650만 일로 감소하기에 이르렀다.

아울러 대처 수상이 79~90년 동안 노조를 무력화시킴으로써 90

[표 10] 대처정부의 노동개혁

구분	노동법 개정 내용
제1차 고용법 개정(80년)	• 「클로우즈드 숍(Closed shop)」(채용조건으로 노조 가입 의무화) 채택시 비밀투표 의무화 • 2차 피케팅 불법화 • 2차 파업을 주도한 노조간부에 대한 면책특권 삭제
제2차 고용법 개정(82년)	• 매 5년마다 비밀투표로 클로우즈드 숍 유지 여부 결정 • 합법적인 노사분규를 명문화하고, 노조간부의 면책특권도 제한 → 정치적 파업, 근로자집단 간 분규, 노동조합 상호간 분규에는 면책특권 불인정
노동조합법 개정(84년)	• 비밀투표를 통해 과반수 지지를 얻은 경우에 대해서만 노조의 면책특권 인정 • 노조 간부는 매 5년마다 조합원 비밀투표를 통해 선출 • 노조 조합원의 엄격한 관리 • 10년마다 조합원 투표를 통해 정치기금 사용여부 결정
고용법 개정(88년)	• 클로우즈드 숍에 대한 법적 보호규정 삭제 • 클로우즈드 숍 조항 신설을 위한 쟁의 불법화 • 투표절차 엄격 규제 • 파업불참 노조원의 권리조항 신설 → 조합원 권리보호를 위해 감독관 제도 도입
고용법 개정(90년)	• 클로우즈드 숍 제도의 완전 폐지 • 모든 2차 쟁의행위 불법화 • 불법 쟁의행위에 대한 노조 책임 부과

자료: 삼성경제연구소(2004). 국민소득 2만불로 가는 길: 국가리더십 사례. p.727

년대 들어 각종 규제완화를 통한 노동시장의 유연화가 가능해짐과 동시에 노동개혁은 생산성 향상, 노동쟁의 감소, 임금안정에 기여함으로서 영국경제의 성장잠재력을 향상시키고, 기업의 해고비용을 감축시켜 유연한 노동시장이 구축되었다.

사유화와 탈규제의 작고 효율적인 정부

당시 대처정부는 기업하기 좋은 환경 조성에 주력했다. 이를 위해 작고 효율적인 정부를 지향했으며, 정부의 기능을 축소하고, 규제를 대폭 완화했다. 또한 시장경제 위주의 산업정책을 추진함과 동시에 기업투자를 촉진하는 각종 규제 완화책을 실시했다. 이 중 대표적인 예가 공영주택 불하인데, 이는 대중자본주의 실현 차원에서 '주택의 개인 소유화'에 주력한 것이다. 영국의 80년대의 주택법은 공영주택 거주자들이 상당히 저렴한 가격으로 현재 살고 있는 공영주택을 구입할 수 있도록 하는 개인주택 활성화 방안을 담고 있다. 주택 구입 시 저리 융자제도를 활성화하고, 주택 융자금의 반환이자에 대한 소득세 감면조치를 실시하였으며, 84년에는 시장가격의 거의 반액 정도로 가격인하를 단행했다.

또한 79년~83년 6월까지 약 50만호의 공영주택을 매각하는 등 10년간 주택 소유자 수가 백만 명 이상으로 증가하여 이에 따른 영국민의 주택 소유율은 68%로 유럽 최고 수준에 이르렀다. 이 뿐만 아니라 공영주택의 불하는 일부 노동자 계급을 보수화시켜 재선에도 유리하게 작용했다. 그 밖에도 정부조직 혁신에도 노력을 기울였는데, 재임 중, 공무원 수는 80년에 75만 명, 87년에 64만 명, 97년에는 51만 명으로 대폭 감축되었다.

이 같은 과감한 실행은 개혁 프로그램인 '넥스트 스텝(Next Step)'을 통해 추진되었으며, 반관 반민 단체인 각종 대행기구(agency)를 설립해서 정부의 행정서비스를 대폭 이관·위임함으로써 실현되었으며, 이로 인해 110여 개의 대국민 행정서비스 사업이 각종 대행 기구로 이관되었다.

특히, 80년부터 강제적 경쟁입찰제도인 CCT(Compulsory Competitive Tendering)를 통해 지방정부 업무에 경쟁개념을 도입하고, 지방정부와 민간기업이 함께 입찰에 참여해서 낙찰된 기관이 공공서비스를 제공토록 하는 투명한 공정 경쟁제도를 정착시켰다.

특히, 공기업 민영화 부문에 있어 대처 정부는 공기업의 민영화를 지속적으로 추진해 왔는데, 이는 재정적자를 해소하고, 기업 경쟁력을 제고하기 위한 목적과 함께, 79년까지 공기업의 적자로 인해 매년 30억 파운드 이상의 재정손실이 발생했기 때문이다.

또한 대처정부는 집권 13년 동안 BP를 시작으로 48개의 공기업과 공공사업을 민영화했는데, 민영화정책에 대한 비판에도 불구하고

[표 11] 민영화 추진의 3대 원칙과 효과

원칙	효과
대상사업을 최대한 경쟁에 노출	효율성 촉진, 균등 이익 분배
민영화 과정에서 국민 주식 소유 확대	노조 반발 무마 및 고용 안정
민영화 과정에서의 최대 매각 수익 실현	정부의 재정 건전화 기여, 국민의 납세 부담 감소

자료: 삼성경제연구소(2004). 국민소득 2만불로 가는 길: 국가리더십 사례. p.727

이를 극복하고, 민영화로 인한 경제성 악화 가능성에 대한 우려와 비판이 보수당 내에서도 터져 나오고, 국부 유출론, 소비자 보호론, 실행 불가능론 등 민영화정책 자체의 문제점에 대한 지적도 제기되었지만, 대처는 민영화 추진상의 문제점을 최소화하면서 민영화 작업을 강행했다. 필요하다고 판단될 경우 대처정부는 적절한 비율의 특별주식(황금주식)을 발행해서라도 강력하게 실행에 옮겼다.

이로 인해 공기업 민영화 이후 재정수입이 증대되고, 민영화된 공기업들은 대부분 경영 정상화에 성공했다. 즉, 80년대 후반 공기업 매각으로, 대처 정부는 매년 재정수입 55억 파운드를 마련(총 600억 파운드)해서 재정적자를 메우는데 사용했다. 80년 178만 5천명에 달하던 공기업 종사자수는 92년 47만 명으로 대폭 감소하고, 기업들은 세계 최고의 경쟁력을 확보하기에 이르렀다.

전 국민의 주주화(Shareholder Economy)를 통해 대중자본주의를 실현함으로써 자본가와 노동자의 대립 구도를 해소하고, 공기업

[표 12] 주요 공기업 민영화 사례

매각대상		업종	매각시기	매각비율 (%)	매각수입 (백만£)
British Petroleum	I	석유	'77. 6월	17.0	564
	II		'79. 11월	5.0	290
	III		'83. 9월	7.0	566
	IV		'87. 10월	36.8	240
British Tech. Group	ICL	전자기기	'79. 12월	24.4	37
	Fairey	특수기기	'80. 6월	100.0	15
	Ferranti	전자기기	'80. 7월	50.0	43
	Inmos	반도체	'84. 8월	76.0	95

[표 12] 주요 공기업 민영화 사례 (계속)

매각대상		업종	매각시기	매각비율 (%)	매각수입 (백만£)
British Airways	Inter. Aeradio	항공통신	'83. 3월	100.0	60
	BA Helicopters	운수	'86. 9월	100.0	14
	BA	운수	'87. 2월	100.0	892
British Rail Group	Brit.Trans. Hotel	호텔	'83. 3월		45
	Sealink UK	운수	'84. 7월	100.0	66
British Gas Group	Wytch Fram	석유	'84. 5월	100.0	80
	British Gas	가스	'86. 12월	97.0	5,434
British Telecom	I	통신	'84. 11월	50.2	3,916
	II		'91. 12월	25.9	5,403
	III		'93. 7월	21.9	5,051

자료: 삼성경제연구소(2004). 국민소득 2만불로 가는 길: 국가리더십 사례. p.728

민영화시 종업원지주제를 적극 도입한 결과, 종업원의 90% 이상이 자사주식을 보유하기에 이르렀다. 당시 주식보유 인구가 14명당 1명에서 4명당 1명으로 급증했으며, 79년에 300만 명이었던 개인 주식 보유자가 약 1,100만 명으로 증가했다.

금융시장개혁과 외국인 투자 적극 유치

금융시장 개혁에 있어 대처정부는 79년 10월 외환거래 자유화를 전면적으로 실시했으며, 외환거래와 관련된 대부분의 규제가 철폐됨으로써 대외 금융거래가 완전히 자유화되었다. 특히, 기업과 개인은 본국 외국환은행과 취급기관을 경유하지 않고, 해외예금, 증권투자가 가능해졌는데, 외환자유화에 따른 부작용(자본유출 등)을 최소화

[표 13] 공기업 민영화 사례와 성과

대상기업	추진내용	성과
British Petroleum	순차적 지분 매각(65.8%)을 통한 민영화	실질적인 소비자 가격 35% 인하로 인한 국민 부담 감소
British Airways	Inter. Aeradio, BA BA helicopters등 자회사 매각을 통한 100% 민영화	세계에서 가장 수익성이 좋은 항공 회사로 발돋움
British Telecom	순차적 지분 매각	전화회선 30% 이상 증가

자료: 삼성경제연구소(2004). 국민소득 2만불로 가는 길: 국가리더십 사례. p.729

하기 위해 고금리 정책이 실시되고, 영란은행(BOE)의 은행감독업무가 강화되기도 했다.

대처 수상은 금융시장의 불안과 일부의 반대에도 불구하고 외환자유화를 지속적으로 추진했다. 당시 전 보수당 당수이자 수상이었던 에드워드 히스는 물론, 노조 등이 심각한 실업문제와 국부유출 문제를 제기하며 외환통제의 필요성을 주장했지만, 이들의 반대에도 불구하고 금융자유화는 지속되어 1986년 빅뱅(Big-Bang)이라 불리는 금융제도의 획기적인 자유화로 연결시켰다.

그 밖에 외국인투자 적극 유치로 투자환경을 대폭 개선한 대처는 당시 내·외국인 차별정책의 전면 철폐와 동시에 투자관련 규제의 완화 내지는 철폐, 각종 인센티브 제공, cash grant 확대, 법인세 감면, 과실송금 규제 완화 등을 실천했다. 그리고 대외홍보를 통한 적극적인 유치활동을 전개해서 해외투자 유치를 위한 중앙정부 및 지방정부의 적극적인 개입과 동시에 79년 상공부 산하에 투자유치 전담기구인 영국투자청(IBB)을 신설해서 이를 적극 활용했다.

대처리즘의 성과

국민소득 1만 불 달성과 2만 불 토대 마련

80년대 중반 이후 영국경제는 체질 개선에 따라 본격적인 성장국면에 진입했다. 즉, 영국경제는 루트(√)형 경제사이클을 보이면서 점차 회복되었고, 81년과 82년에 마이너스(-) 성장을 기록한 후, 80년대 중반 이후에는 4~5% 성장을 지속했다.

특히, 대처 집권기에 국민소득 1만 불을 달성해서 대처 재임기간(79~90년) 중 연평균 6.6%라는 1인당 GDP 성장률을 달성했다. 즉, 84년에 1인당 GDP 1만 불 시대를 열었으며, 이를 토대로 12년 후인 96년에 2만 불을 달성하게 된 것이다.

80년대 중반 이후 영국경제의 체질 개선과 빅뱅 등의 규제완화로 외화가 대규모로 유입되어 자본수지가 흑자로 전환되었는데, 자본수

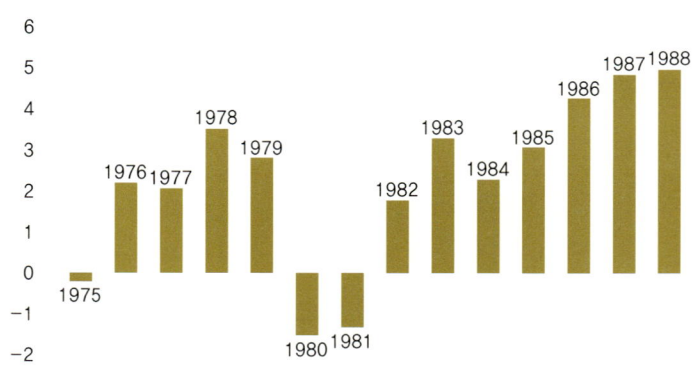

[그림 8] 영국경제 성장률 추이(75~88년)

자료: IFS(2004)

[표 14] 영국의 국민소득 및 성장률 추이

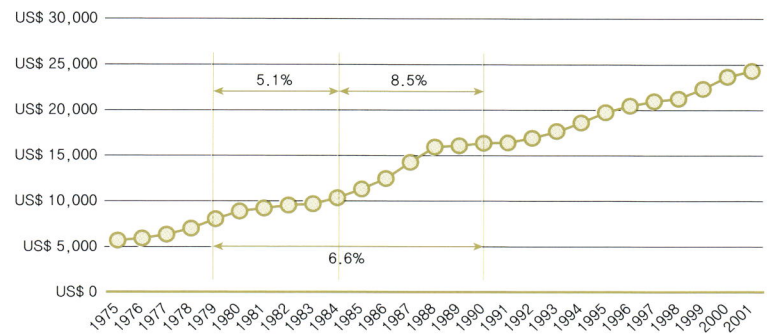

연도	인당 GDP(U$)	비고
1975	5,690	
1978	7,020	
1980	8,840	
1982	9,520	
1984	10,340	• 1인당 GDP 1만 불 달성
1986	12,390	
1988	15,860	
1990	16,250	
1992	16,850	
1994	18,510	
1996	20,400	• 1인당 GDP 2만 불 달성(12년 소요)
2000	23,850	
2001	24,160	

자료: 삼성경제연구소(2004). 국민소득 2만 불로 가는 길: 국가리더십 사례. p.732

지 흑자 규모가 87년 280억 불에서 88년 321억 불로 급증하기 시작했다.

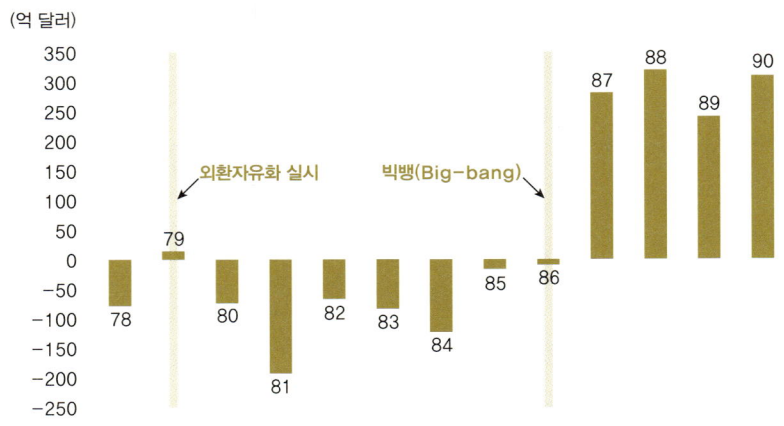

[그림 9] 영국의 자본수지 추이

자료: IFS(2004)

건전한 노사관계의 정착

무분별한 노조활동 규제로 80년대 후반부터 파업건수와 노동손실일수가 대폭 감소했는데, 대처정권의 노조개혁으로 매년 1,000건이 넘던 파업건수가 대폭 감소하고, 쟁의참가자들 또한 급격히 감소했다. 특히, 90년대 들어서 유럽 국가 중에서는 독일 다음으로 안정된 노사관계가 정착되었다.

노사관계 안정은 영국의 경제 성장에 크게 기여했으며, 파업 건수와 노동손실 일수가 함께 감소함으로써 노동생산성이 향상되었고, 강력한 노조 때문에 그동안 영국 진출을 꺼려왔던 외국 기업들의 영국 진출 부담을 덜어주었다.

[표 15] 영국의 노사분규 추이

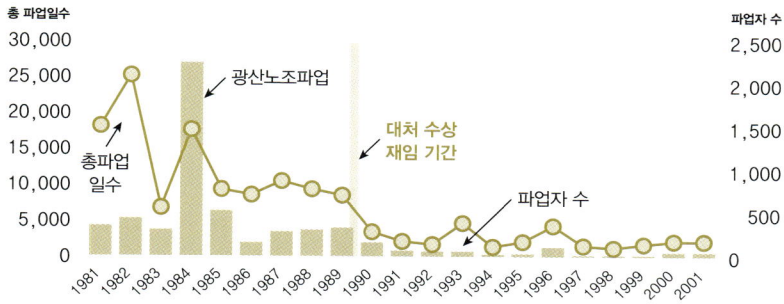

연도	총 파업일수(일)	파업자 수(명)	년간 파업 회수
1981	4.3백만	1.5백만	1,344 건
1984	27.1백만	1.5백만	1,221 건
1985	6.4백만	0.8백만	903 건
1990	1.9백만	0.3백만	630 건
1996	1.3백만	0.4백만	244 건
2001	0.5백만	0.2백만	194 건

자료: 삼성경제연구소(2004). 국민소득 2만불로 가는 길: 국가리더십 사례. p.734

실업문제 해결

물가는 81년 이후 점차 안정되기 시작했지만, 실업자 수는 정치적 마지노선인 100만 명을 지나 85년에는 300만 명을 돌파했다. 이는 고용보다 물가를 안정시키기 위한 긴축통화정책과 구조조정을 강력히 추진한 대처정책이 낳은 산물이었다. 70년대 초반 오일 쇼크 전까지 영국은 거의 완전 고용을 유지했지만, 이는 만성적인 국제수지 적자와 물가불안이라는 값비싼 대가를 치르고 얻은 것이기도 했다.

대처 수상은 특히 실업문제와 관련해서 단기적인 재정정책보다는 시간이 걸리더라도 시장의 힘에 의해 해결한다는 기본정책을 고

[그림 10] 실업자수 및 실업률 추이(71~90년)

자료: 삼성경제연구소(2004). 국민소득 2만 불로 가는 길: 국가리더십 사례. p.735

수했다. 결과적으로, 11%를 웃돌던 실업률이 80년대 중반 이후에는 구조조정 성과가 가시화되면서 점차 하락하기 시작했다. 하지만 실업률이 구조조정 이전의 수준(5%)으로 낮아지는 데는 약 10년 이상이 소요되었다.

세계 4위, 유럽 2위의 경제대국 달성

영국은 대처리즘에 힘입어 99년부터 프랑스를 제치고 세계 4위, 유럽 2위의 경제대국으로 부상했으며, 이로 인해 유럽에서 가장 실업률이 낮은 국가 중의 하나가 되었다.

영국은 저렴한 노동비용, 유연한 노동시장, 규제완화로 유럽 제1의 외자 유치국으로 부상함과 동시에, 적극적인 외자계 기업 유치 정책으로 경제성장과 실업문제를 해소하는데 성공했다.

[그림 11] 영국의 외자유치 추이

자료: 삼성경제연구소(2004). 국민소득 2만불로 가는 길: 국가리더십 사례. p.736

대처리즘은 영국경제의 근간을 이루는 정책기조로 정착되었고, 대처수상의 지지율은 구조조정 과정에서 한때 15%까지 하락했지만, 83년, 87년 총선에서 연속 승리함에 따라 보수당은 대처 이후에도 총선에서 승리를 거둬 18년간의 장기집권에 성공했다. 이는 노조개혁을 필두로 한 대처의 시장경제 개혁이 성공한 덕분이며, 97년 집권한 블레어 노동당 정부도 대처리즘을 계승하는 계기가 되었는데, 이들 성과를 종합해 보면 다음과 같이 요약·정리할 수 있다.

첫째, 영국 경제의 악순환으로 인해 빈사상태에 있는 영국병을 치료해서 국가위기를 극복했다.

당시 영국은 2차 대전 후 막대한 전비로 국부가 피폐해진 상태에서도 복지국가를 표방하고, 복지비용 충당을 위해 기업 수익금의

83%까지를 세금으로 징수했다. 또한 악성 인플레로 실질임금이 감소되자, 임금인상을 요구하는 노조파업이 다발하는 등, 경쟁력 약화 → 실업증가 → 복지비용 증가 → 재정적자 → 인플레 → 실질임금 감소 → 파업→ 경쟁력 약화의 악순환이 반복됐다. 결국 1976년 캘러헌 수상은 재정긴축을 조건으로 IMF에 39억 달러의 구제금융을 요청할 수밖에 없었다.

둘째, 국가 전체를 대상으로 개혁을 시도했다. 즉, 경제위기 때문에 1979년에 집권한 보수당의 대처 수상은 인플레율 22%, 성장률 −2.3%의 빈사상태 정부를 인수한 후, "나는 행동만 하겠다"라며 강한 정부, 강성노조 분쇄, 민영화, 사회분위기 쇄신 등을 골자로 한 개혁에 돌입했다는 사실이 이를 잘 보여준다. 그리고 특히 중과세를 축소해서 세율을 최저 30%, 최고 60%로 완화해서 기업의 투자의욕을 증진시키고, 중과세를 피해 해외로 도피했던 기업을 재유치하는 데 심혈을 기울였다. 특히, 재정적자의 주원인인 복지비용을 과감하게 줄이는 한편, "국가는 국민에게 젖을 주는 보모가 아니다"라는 슬로건을 내걸고, 무사안일주의를 타파하는 사회 캠페인을 전개했다. 적자를 기록하던 20개의 탄광회사를 폐업시키는 등 개혁의 후유증으로 실업률이 급증했지만, 대처는 '철의 여인'이라는 별명에 걸맞게 개혁의 고삐를 늦추지 않았고, 결국 성공을 거뒀다.

셋째, 노조와의 정면대결로 영국병의 수술이라는 뚜렷한 목표를 설정했다. 대처는 강성노조 간부를 현대판 봉건귀족으로 매도하고, 불법파업에 대해서는 공권력을 동원하는 등 가혹할 정도로 규제했으며, 74년에 히스 정권을 몰락시켰을 정도로 강력한 탄광노조와의 대결을 선언하고, 석탄수요업체에 비축령을 내려 경제마비 요인을 최소화한 뒤, 1년간의 대결 끝에 탄광노조를 굴복시킴과 동시에, 노조 전체를 대상으로 한 끈질긴 설득과 노동관계법을 5차에 걸쳐 단계적으로 개정함으로써 노조의 건전화를 유도하는 정책을 병용했다. 이로써 1979년에 2,088건에 달했던 파업 건수가 90년대에는 200여 회로 감소하게 되었다.

넷째, 사회주의와 자본주의가 결합된 기형적 시스템을 시장경제 체제로 재편했다. 대처는 자율과 창의, 효율성을 유도하는 시장경제 복귀를 일관성 있게 추진함으로써 만성적인 노조 파업과 '요람에서 무덤까지' 국가가 보살피는 보호막에 안주한 영국의 무기력증을 척결했다. 특히, 시장경제를 유도하기 위해 정부부터 군살빼기에 돌입해서 석유, 가스, 전화사업 등 공기업의 40%를 민영화하고, 공공부문 인력 164만 명을 감축함으로써 220억 파운드(26조원)의 재정 수입을 올렸다. 군살을 뺌으로서 성공을 거둔 대처의 개혁은 영국을 위기에서 구했을 뿐만 아니라, 미국의 레이건 대통령, 일본의 나카소네 수상 등과 함께 신보수주의 정책을 표방함으로써 세계경제 회복에 크게 기여했다는 점에서 그 의미가 크다.

3

대처리즘을 통해 **알아**보는
한국 정치경제의 **해법**

이 같은 대처리즘이 한국에 주는 시사점으로는 여성 지도자의 강력한 리더십과 합의 정치, 성장 중심의 시장경쟁력 확보 등으로 요약할 수 있는데, 좀 더 세밀하게 구분해 보면 다음과 같다.

첫째, 강력한 리더십의 중요성을 일깨워준 대처 수상은 명확한 국가비전을 실천한 지도자로서, 국민들에게 '빅토리아 시대로 돌아가자'라는 국가비전을 제시하며, 오래 전부터 꿈꾸어 오던 대중자본주의(Popular Capitalism)를 집권기간 중에 실현했다. 공영주택 불하 정책으로 국민 모두가 셋집이 아닌 자신의 집을 소유할 수 있는 사회를 실현했으며, 공기업을 민영화하고, 국민주를 통해 전 국민의 주주화를 실현시켰다. 또한 성장 잠재력을 제약하는 구조적 요인들을 제거하는 데 필요한 강력한 리더십으로, 노동개혁, 공기업 민영화,

외환거래의 전면 자유화 등 개혁조치를 단행했고, 개혁에 대한 반발을 무마시키는데도 천재적인 수완을 발휘했다. '철의 여인'이라는 이미지에 걸맞게 강력한 리더십을 발휘해서 2차 세계대전 이래 만성화된 영국병을 치유하고, 82년 포클랜드 전쟁 승리를 계기로 리더십을 강화시켜 나갔다.

아울러 명확한 정책 제시를 통해 국민의 기대와 선택을 이끌어내고, 최대의 위기상황에서 집권했지만, 정책의 우선순위를 정확하게 짚어냈다. 또한 최우선 정책으로 긴축을 통한 인플레 억제와 과잉노동력 제거를 위한 노조의 면책특권 철폐에 중점을 두었다. 대처 수상은 인기 없는 경제 정책을 시행하면서도 엄격한 언행일치를 통해 국민의 신뢰를 획득함과 동시에 정책의 일관성을 유지함으로서 실업률 두 자리, 실업인구 3백만 명이라는 고실업 사태에서도 총선에서 승리했다.

둘째, '합의 정치'의 도입은 신중하게 접근할 필요가 있는데, '합의'는 성숙한 민주주의 결정방식이지만 다른 한편으로는 의사결정을 지연시킬 가능성이 높다. 따라서 영국의 경우 합의 정치의 전통이 시간이 흐르면서 목적보다 절차를 우선시하는 방향으로 발전되었고, 영국은 합의의 비용을 더 이상 지불할 수 없게 되자, 결국 합의 구도 자체를 포기하기에 이르렀다. 따라서 이 같은 결과는 일관된 개혁을 필요로 했으며, 이를 위해 대처 총리는 노조 및 공기업의 민영화를 일관되게 추진해서 1년여에 걸친 탄광노조와의 대치상태에서 오는 국민들의 어려움에도 불구하고 당초의 원칙을 철저히 고수해서 합의를 이끌어냈다.

셋째, 노사안정과 유연한 노동시장의 경쟁력을 갖추게 했다. 영국의 노동개혁은 국가경쟁력 회복에 있어서 유연한 노동시장의 중요성을 보여줌으로써 노사관계의 안정뿐만 아니라, 노동시장의 유연성이 제고되고, 고질적인 영국병이 치유되었으며, 노동시장의 유연성이 제고되자 외국기업의 영국 진출이 급증하기에 이르렀다. 특히, 노동시장의 유연화에 대한 비판에도 불구하고 경제회생을 위해서 가장 효과적인 방법을 택했다. 소득격차 심화, 고용안정 저해, 소속감 하락, 장기실업자 증가 등의 문제점에도 불구하고 유연화 정책의 도입·시행으로 가장 확실한 경제적 성과를 거두었다.

이러한 성과는 최근 연봉 8천만 원이 넘는 조직에서 투쟁적인 데모를 하는 우리나라의 고질적인 노사대립 문제와 견주어볼 만하다. 특히 투쟁적인 노조 문제가 불거져 나올 때마다 비공식적인 자리에서 보수적인 견해를 가진 분들로부터 듣는 말이 있다. "우리나라 노사관계를 제대로 정립하려면, 영국의 대처수상과 같은 사람이 등장해서 노조를 제대로 관리해야 한다"는 것이다. 대대적인 개혁을 통해 노사문제를 해결해야 한다고 이들은 입을 모은다. 영국의 대처수상이 영국의 노사관계를 개혁하면서 막강하던 노조의 힘을 빼고 바람직한 노사관계를 정립한 것은 틀림없는 역사적 사실로, 우리나라 또한 건전하고 새로운 노사 문화를 창조해 내야한다.

이제 우리나라에도 대처와 같은 강력한 리더십을 가진 대통령이 등장해서 정치인들을 향한 국민들의 불신을 해소시키고, 양극화된 경제 체제를 바로잡아야 한다.

배고픈 이들이 기다리는 밥상은 진수성찬의 밥상이 아니다. 서민들의 현실적인 문제를 해결해줄 대통령, 현실적이고도 정직한 대통령을 국민들은 기다리고 있다.

경제 양극화와
국가 위기 극복을 위한
차기대통령

왜 박근혜인가

3

새로운 시대정치와 여성 정치인 박근혜

서문

여성이 야망을 품는 동기나, 권력을 쟁취하고 행사하는 방법은 남성들과 거의 다를 바가 없다. 여성 권력자들이 남성권력자들보다 반드시 더 청렴하다는 보장도 없으며, 여성 권력자들이라고 해서 모두 페미니스트인 것도 아니다. 역할이란 성별에 따라서 달라지는 것이 아니기 때문에 권력을 쥔 여성은 남성과 다른 역할을 하지 않는다. 다만 차이가 있다면 여성 정치인들은 남성 정치인들에 비해 더 피나는 노력을 한다는 것이다.

능력을 인정받고 있는 메르켈 총리나 바첼레트 대통령도 확고한 입지와 능력을 인정받기 전까지는 여성이라는 이유 하나만으로 능력과 수완을 의심받고, 그 가치가 평가절하 되었다. 메르켈 총리를 발굴한 독일의 전 총리 헬무트 콜도, 바첼레트 대통령의 멘토였던 라고스 전 칠레 대통령도 이 두 여성들을 과소평가하고 이들을 이용해서 그들의 정치적, 권력적 입지를 편안하게 하는 데만 관심을 두었을 뿐 이들이 스스로 자립해서 독자적으로 최고위직의 위치에 올라 역량을 발휘할 수 있으리라고는 생각지 못했다고 한다. 프랑스의 첫 여성 총리였던 에디트 크레송은 미테랑 전 대통령이 미셸 로카르 총리의 정치생명을 끊기 위해 전략적으로 총리에 임명되었고, 총리가 된 날부터 빗발친 조롱과 독설의 무게를 이기지 못하고 11개월 만에 사임했다.

에디트 크레송 총리 사임이 시사하는 바는 매우 크다. 여성 정치인들은 전통적으로 남성 고유의 영역이었던 정치판에 여자가 끼어들겠다고 나서는 것으로 간주되는 현실과 싸워야 하며, 남성이 아닌 여성이라는 사실에서 비롯되는 기준과 편견으로 인해 여러 종류의 인신공격에 시달려야만 한다. 남성이 정치적 야망을 품는 것은 당연하게 받아들이지만, 여성의 정치적 야망은 매도되는 경우가 많은 것이 지금의 정치 현실이다.

따라서 아직까지도 절대적으로 불리한 위치에 있는 여성 정치인들의 도덕적 잣대는 날카롭고 냉엄하다. 그러한 정직한 도덕적 잣대는 여성 정치인들이 자기 관리에 더욱 철저를 기하는 기준이 되며, 항상 반듯한 자세 유지를 위해 최선을 다하게 한다. 고난 속에서 핀 꽃이 오래도록 그 생명력을 유지하듯, 자기관리에 철저하고, 구체적이고 긍정적으로 사안을 대하는 여성들의 날카로운 시각은 분명 미래 정치의 자산이다.

1

여성 정치인들의 성향과 특성

여성 정치인을 통해서 본 리더십

밀레니엄 시대를 맞아 세계는 보다 더 다양하고 전문적으로 분화하고 있다. 정보문화의 발달로 미디어 정치의 중요성이 점점 더 크게 부각되고 있으며, 이러한 미디어 정치에 적합한 것은 남성보다는 여성이다.

통 큰 정치가 남성들의 고유 분야라면, 여성은 보다 더 계획적이고 짜임새 있는 규모의 정치를 할 수 있다. 현대 사회는 모든 사안이 기능적으로 분화되어 있기 때문에, 주도면밀하게 살피지 않으면 자칫 엉뚱한 길로 가기 쉽다. 이러한 특성 때문에 세계적으로 많은 여성 정치인들이 등장했으며, 정치계에 새 바람을 불어넣고 있다.

여성 정치인들의 등장 과정을 살펴보면, 첫째는 전문 분야에서

업적을 쌓고 그것이 인정되어 발탁된 경우로, 주로 변호사나 교수 출신들이 여기에 포함된다. 미 무역대표부 대표로 명성을 떨쳤던 칼라 힐스, 아일랜드의 첫 여성대통령으로 선출된 메리 로빈슨, 캐나다의 킴 캠블 국방부 장관 등은 변호사 출신이며, 아이슬랜드 최초의 여성대통령이자 세계에서 최초로 직접선거에 의해 대통령으로 선출된 비그디스 핀보가도티르 대통령은 대학교수 출신이다.

터키의 수상이었던 탄수 칠레르는 부토. 지아와 더불어 이슬람 국가의 여성수반으로 자신의 힘으로 수상에 오른 여성정치지도자이다.

한국에서도 점차 민주주의가 진전되고 여성의 정치적 진출이 활발해 지면서 17대 국회에 법조인 출신의 조배숙, 김영선 의원이 발을 들여 놓았고, 이혜훈 교수가 지역구에 당선됨으로써 전문직 여성으로 정계 진출을 하게 되었다.

둘째는 아버지나 남편의 후광을 업고 정계에 진출하는 경우로, 파키스탄의 베나지르 부토 총리, 인도의 인디라 간디 수상, 필리핀의 코라손 아키노 대통령, 미얀마의 아웅산 수지 여사 등이 포함되고, 한국의 경우에는 박근혜 의원과 남편의 지역구를 물려받아 당선된 김선미 의원 등이 있으며, 박근혜 의원은 현재 여당의 대선 후보로 각광을 받고 있다.

셋째는 여성단체 지도자를 역임한 경우로, 여성단체들이 정치에 막강한 영향력을 행사해 왔던 스칸디나비아의 여러 국가들에서 이러한 현상이 두드러지게 나타나고 있는데, 여성단체의 활동을 통해 실질적으로 지도자로서의 리더십 훈련과 경험을 쌓을 수 있다는 점에서 정계진출의 효과적 수단이 될 수 있다. 한국에서는 한국유권자연맹의 회장이었던 11대 김정례 의원과 15대의 신낙균 의원, 16, 17대에는 한명숙, 이미경, 김희선 의원 등이 있다.

마지막으로 정계에 진출하기 위해 일찍이 정당 활동에 투신한 경우로, 영국의 대처 수상이 전형적인 경우이고, 한국에서는 해방직후의 정치적 혼란기에 정치의식화를 통해 정치입문을 하게 된 김옥선, 김윤덕 의원과 17대에는 김희정 의원이 정당에서 정치적 경험을 쌓은 후 국회에 진출했다.

이를 표로 정리해 보면 다음과 같다.

[표 16] 여성정치지도자의 등장과정에서 보이는 특성

특성 분류	외국의 여성정치인	국내의 여성정치인
전문분야 업적으로 발탁된 경우	칼라힐스(미국) 메리 로빈슨(아일랜드) 킴 캠블(캐나다) 비그디스 핀보가도티르(아이슬랜드) 탄수 칠레르(터키)	김영선(법조) 이혜훈(교수) 전재희(행정) 조배숙(법조)
아버지나 남편의 정치활동을 배경으로 정계진출	베나지르 부토(파키스탄) 인디라 간디(인도) 코라손 아카노(필리핀) 아웅산 수지(미얀마)	박근혜 김선미
여성(시민)단체 지도자로서 훈련을 통한 정계진출	스칸디나비아 국가들	이미경 한명숙 김희선
정당활동에 투신하여 정계입문	마가렛 대처(영국)	김옥선 김윤덕 김희정

주: 국내 여성정치인은 17대 국회의원 중 지역구 선출자만을 대상으로 함.
자료: 김수영(2005). p.32

여성 정치인의 성향과 특성

여성정치지도자의 성향적 특성을 살펴보면 크게 두 가지의 유형화가 가능하다.

첫째는 전통적인 여성상에 부합하는 이미지로, 정치가로서 강력하고 드센 이미지가 아닌, 여성 고유의 온유함과 모성을 느끼게 하는 지도자이다. 필리핀의 아키노 대통령은 조용하고 신앙심이 깊은 지도자로, 필리핀의 어려운 정치 상황 속에서 온건함과 포용을 바탕으로 국민의 신뢰를 얻었다. 우리나라에서는 17대 국회의 한명숙, 이미경, 박근혜 의원 등이 전통적 여성의 이미지와 닮아 있으며, 이로 인해 정치에 대한 국민들의 거부감이 줄고, 정치인들을 좀 더 친근하게 인식할 수 있도록 했다. 그러나 이는 정치에 대한 국민의 냉소적인 시각을 줄일 수는 있지만, 이미지 정치를 한다는 비난의 우려가 있다. 하지만, 그것은 실질적인 요소가 아니며, 여성의 정치참여에 대한 긍정적 인식과 함께 이러한 포용과 온화함의 정치리더십이 훨씬 더 강력한 기제로 작용할 수 있다.

둘째로는, 억센 정치가의 이미지로, 철의 여인으로 불린 영국의 대처 수상, 일본의 도이 다카코 의장, 프랑스의 에디트 크레송 총리, 스웨덴의 잉게게르트 트로에드송 국회의장 등이 이에 포함된다. 이러한 유형의 여성 정치인에게서는 강력한 리더십과 결단력, 추진력 등이 돋보이는데, 이 경우, 정치권이 남성 중심으로 편재되어 있는 상황에서 그 속에 융합되기 위한 방편으로 여성성을 가급적 드러내려 하지 않고, 남성들의 가치나 행동양식에 동조하는 경향을 띠게 된다. 이를 표로 나타내면 다음과 같다.

[표 17] 여성정치지도자의 성향적 특성에 따른 분류

성향적 특성	외국의 여성정치인	국내의 여성정치인
전통적 여성상	코라손 아키노(필리핀) 아웅산 수지(미얀마)	박근혜, 이미경, 한명숙
여장부형	마가렛 대처(영국) 도이 다카코(일본) 에디트 크레송(프랑스) 잉게게르트 트로에드송(스웨덴)	김희선

자료: 김수영(2005). p.33

이러한 성향적 특성은 능력의 차이를 의미하는 것이 아니라, 각 개인의 특성에 따른 것이며, 여성은 오히려 여성이 가지고 있는 특성을 활용해서 지지를 유도해 내고, 효율적인 리더십을 발휘할 수 있다고 보아야 한다. 결국 남성화되거나 중성화된 지도자보다는 여성의 특성을 살려 주어진 역할에 얼마나 충실할 수 있는가가 리더로서 인정받을 수 있는 요인이 된다.

한편, 여성의 리더십이 남성의 리더십에 비해 어떤 평가를 받느냐와 관련해서는 두 가지 특성으로 분류해 볼 수 있다. 그 중 하나는 예전의 여성 리더는 남성에 비해 부하직원을 통솔하는데 있어 업무능력이나 신뢰도 측면에서 상당히 부정적인 시각에 시달렸지만, 최근에는 그 반대 현상이 일어나고 있다. 여성 상사에 대한 남성 부하직원들의 시각이 호의적으로 변한 사회적 현상이 정치권에도 그대로 반영되고 있다.

실제로, 여성이 단체의 장으로 있는 기관들을 조사해 보면, 주민통합능력, 행정실무능력, 교섭능력, 정치지도 능력 등에서 부하 직원들로부터 좋은 평가를 받고 있으며, 본인 스스로도 자신의 능력에 대해 긍정적인 평가를 내리고 있다. 또한, 지방의회 의원들에 관한 연구에서도 여성의원들은 주민들과의 대화와 면담에 큰 비중을 두고 민생을 살피는 반면, 남성의원들은 경조사 위주의 외부 행사에 더 큰 비중을 두고 있는 것으로 조사되었다.

또 다른 하나는 여성의원들의 의정활동을 보면 여성관련 분야라든가 사회, 문화 분야에 치우쳐 있음을 알 수 있다. 실제 개헌 국회 이래 여성의원들이 중심이 되어 발의한 법률 건수 중 51%가 여성 관련 법률안이고, 나머지 49%의 법률 중 상당수가 청소년, 보건, 교육, 환경 분야에 치중되어 있는 것으로 나타났다. 이는 외국도 마찬가지인데, 미국의 경우 12개 주에서 여성, 가족, 아동문제에 관해 남성보다 많은 관심을 보이고 있고, 영국과 캐나다에서도 여성정치 리더는 교육, 환경, 복지 분야에서 기여도가 크다고 밝히고 있다.

이러한 연구결과로 알 수 있는 것은 여성의원들이 여성문제와 서민 생활과 관련된 분야에서는 남성들보다 더 유리한 위치에 있지만, 자칫 자신의 정치영역을 일부 분야에만 국한시킬 우려가 있고, 실질 정치의 세력권 밖에 머물게 되는 위험성을 내포하고 있다. 실제로 여성의원들은 그 지위가 한정되어 있는 경우가 많으며, 핵심에 접근할 기회가 많지 않은데, 여성의원의 수가 증가하면서 큰 변화를 보이고 있다. 16대에서는 이연숙의원이 국방위원회에서 국회 상임위 활동을 하게 되면서 점차 국방, 외교, 경제 분야에서도 여성의원들이 활약하기 시작했고, 17대 국회에서는 처음으로 여성분야가 아닌 문화관광,

정무위원회의 상임위원장을 여성에게 배정했다. 이와 같은 특징은 여성정치인들이 남성정치인들에 비해 수적으로 열세이다 보니 하나의 힘 있는 세력으로 결집될 수 없었고, 정치권에서도 강력한 영향력을 행사하지 못했던 이유를 말해준다.

왜
박근혜인가

2

세계의 여성 정치인들

국가 정상에 오른 여성 정치인

제40대 브라질 대통령 선거를 통해 등장한 호세프 후보는 브라질 사상 첫 여성 대통령이다. 남미 지역에서 미첼 바첼레트 전 칠레 대통령(2006~2010년 집권)과 크리스티나 페르난데스 아르헨티나 대통령(2007년 12월~현재)에 이어 세 번째로 선출된 여성 국가 원수이다. 이로써 남미의 주요국가인 브라질, 아르헨티나, 칠레는 여성 국가 원수를 둔 나라들이 되었고, 이런 추세는 전 세계적으로 급속하게 확산되고 있다.

지금까지 세계에서 여성 총리 및 대통령이 된 여성 정치인들을 살펴보면, 가장 먼저 철의 여인으로 불리는 영국의 마가렛 대처 수상과 인디라 간디 수상, 필리핀의 코라손 아키노 대통령 등이 떠오른다. 보이지 않은 사회적 제약을 극복하고 국가 정상에 오른 현재까지의 여성 대통령과 총리들의 명단은 다음과 같다.

이뿐만 아니라, 미얀마의 아웅산 수치 여사를 비롯, 전 세계적으로 곧 국가 지도자가 될 여성들이 점점 늘어나고 있으며, 세계의 정치사에 우먼 파워가 거세게 몰아칠 것이 예상된다. 이제 여성정치인들의 성숙한 리더십이 지구촌의 미래를 책임질 날도 멀지 않았다.

그렇다면 리더로서 각 국가를 대표하는 여성 대통령과 총리들의 공통점을 한 번 살펴보자.

[표 18] 국가정상에 오른 여성 대통령 및 총리

	국가	이름
대통령	브라질	지우마 호세프(2010년 집권)
	칠레	미첼 바첼렛/2006년 집권)
	아르헨티나	크리스티나 페르난데스(2007년 집권)
	라이베리아	엘렌 존슨 설리프(2005년 집권)
	핀란드	타르야 할로넨(2000년 집권, 재선)
	아일랜드	메리 매컬리스(1997년 집권, 재선)
	라트비아	비케-프라이베르가(1999년 집권, 재선)
	인도	파틸(2007년 집권)
	스리랑카	찬드리카 반다라나이케 쿠마라퉁가(1994년 집권, 재선)
	인도네시아	메가와티 수카르노푸트리(1999년 집권)
	필리핀	글로리아 아로요(2001년 집권, 재선)
	필리핀	코라손 아키노(1986년 집권)
총리	독일	앙겔라 메르켈(2005년 집권)
	모잠비크	루이사 디오구(2004년 집권)
	자메이카	포샤 심프슨밀러(2006년 집권)
	뉴질랜드	헬렌 클라크(1999년 집권)
	대영제국	마가렛 대처(1979년 집권, 3선 성공)

지구 온난화로 인해 한국은 겨울이 짧아지고 여름은 폭염과 폭우가 연속되는 기후변화를 경험하고 있다.

이러한 기후 변화는 자연환경의 변화를 가져오고, 우리 인간의 생활과 정신에도 지대한 영향을 미치게 되며, 더 나아가 정치와 문화의 변화도 초래한다. 앞서 등장한 여성 대통령과 총리들 중의 몇몇을 제외하면, 여성정치인들이 집권에 성공한 나라들은 대부분 열대/아열대 지역의 국가들이다. 즉, 지구 온난화를 경험한 나라들이라는 공통점을 지니고 있다.

국내 여성 최초로 정상에 우뚝 선 박근혜

지구 온난화는 한국의 정치 지형도에도 변화를 가져왔다. 여성들의 정치 참여가 늘어나고 있으며, 점점 그 세력도 커지고 있다.

현재 여야의 여성 정치인들을 살펴보면 박근혜, 한명숙, 이혜원, 이미경, 전여옥, 진수희, 추미애 등은 정치활동 면에서 남성 정치인들을 능가하고 있다. 이것은 단순한 변화가 아닌, 지구온난화의 영향에 의한 것이라는 의견도 내놓을 수 있다.

따라서 조만간 한국의 정치 지형도 여성중심으로 바뀌어 갈 것으로 예견되며, 박근혜의 차기 대통령 진출은 자연의 이치와도 맞아떨어진다는 역설도 가능하다. 다시 말해서 박근혜의 차기 대통령 진출은 우리나라의 국민 정서와 자연의 순리에 부합하는 측면이 있으며, 이는 세계 정치의 흐름과도 일맥상통한다. 한국도 이제 세계적인 큰 흐름에 따를 수밖에 없는 상황이 되었다.

여성 대통령과 여성 총리는 대부분 부친이나 남편의 영향력과 정치적인 기반을 이어받은 경우가 많다. 가까운 필리핀의 코라손 아키노(독재자 마르코스에게 암살당한 상원의원의 아내)와 마카파갈 아로요(마카파갈 대통령의 딸) 대통령, 인도의 인디라 간디(네루 수상의 딸) 등 그녀들이 국가지도자가 된 동기와 정치적인 활동은 부친이나 남편의 후광과 영향력을 기반으로 한다.

한민족의 중흥과 조국근대화, 산업화의 영웅인 박정희 대통령의 딸이 부친의 한계를 뛰어넘어 국가 지도자로서의 길을 걷는 것은 자연스런 현상이며, 앞에서 본 예와 같이 투명한 미래를 비추는 일이다.

따라서 박근혜는 박정희 대통령의 후광과 업적을 굳이 부정할 필요는 없다. 박근혜는 세계 여성 지도자들의 등장과 맥을 같이하며, 국민들의 밥상을 책임져준 박정희 대통령의 후광은 모두가 누리고 있는 것을 누리지 못한 박근혜가 받은 단 하나의 선물이다.

여성 대통령과 여성 총리의 등장은 각 나라의 정치 사회적인 요구에 대한 국민들의 인식 변화와 욕구에서 그 필연성을 찾을 수 있다. 여성 정치인은 부정부패에 초연할 수 있다는 일반적인 믿음이 작용하고 있으며, 그러한 믿음과 신뢰가 필연적으로 여성 지도자를 원하게 되는 이유로 부각된다. 현재 한국의 경제 상황, 빈부 차이, 우학의 갈등, 부정부패는 여성지도자를 부르는 구조이며, 그 요구에 부응할 수 있는 박근혜라는 인물이 있기에, 국민들의 지지와 기대, 희망이 그곳을 향해 열려 있는 것이다.

저축은행 부정과 부실, 비리 30조 원을 비롯한 총체적이고 고질적인 남성 정치인들의 부정비리는 결코 우연이 아니다. 이런 흐름과 상황을 정치와 사회문화적으로 살펴보고, 상기 다른 나라들의 여성 대통령과 총리의 출현을 살펴봐도 박근혜가 차기 대통령의 자리에 오르는 것은 필연적일 수밖에 없다.

3

미래 정치와
여성 정치인들의 역할

크리스틴 오크렌트가 그린 여성 정치인들

'왜 여성 대통령인가'를 저술한 크리스틴 오크렌트는 2007년 프랑스 대선을 앞두고 사회당의 세골렌 루아얄(Ségolène Royal)대통령 후보의 선거운동과 거의 같은 시기에 일어난 미국 민주당의 대통령 후보 선출 경선에 참여한 힐러리 클린턴(Hillary Clinton)의 정치적 행보를 지켜보면서 "여성이 최고 지도자가 되면 달라지는 것이 있을까? 더 나은 점이 있을까?"라는 생각에서 책을 쓰게 되었다고 한다.

크리스틴 오크렌트는 벨기에에서 태어나 파리국립정치대학을 졸업하고, 미국 CBS, NBC와 프랑스의 국영방송에서 뉴스를 비롯해 정치매거진, 토론 프로그램 등을 진행한 프랑스 방송계의 영향력 있는 여성 언론인으로, 세계적인 정치 전문가다. 그녀는 오랜 언론생활에서 얻은 풍부한 정보와 지식, 경험을 가지고, 여성 국가원수들과 인터뷰를 했다. 대통령이나 총리직을 역임하거나 재임하고 있는 세계적인 여성 정치지도자들을 분석해온 그녀는 많은 저서를 집필했다.

크리스틴 오크렌트는 서문에서 "대선에서 여성 후보가 승리를 거둬 여성 대통령이 탄생한다면 어떤 상황이 펼쳐질까? 뭔가 달라지는 것이 있을까? 통치 방식은? 행동양식은? 과연 어떤 식으로 내각을 구성하고, 어떻게 주요사안의 우선순위를 정하며, 변화무쌍한 국가적 대소사와 세계화된 사회에서 비롯되는 여러 가지 제약에 대응할까? 고통당하는 사람이 줄어들고 전보다 화합하는 희망찬 사회가 될까?"라는 질문을 던졌는데, 이 책에서 그녀는 지도자의 자리에 올랐던 많은 세계적인 여성 정치인들을 통해서 그 답을 얻고자 했다.

크리스틴 오크렌트는 유럽, 뉴질랜드, 라틴 아메리카, 아시아, 아프리카 등 세계 여러 지역의 다양한 역사와 문화를 비교하고, 각기 다른 정치체제를 가진 국가에서 활동하는 전·현직 여성 국가원수들의 성장 배경과 정치입문과정, 정치적 활동과 정치리더십의 특성 등을 세밀하게 살폈다.

이 책의 1장에서는 '정치란 무엇인가? 여성 정치의 모범답안 메르켈 총리'라는 제목 아래, 독일의 앙겔라 메르켈(Angela Merkel) 총리의 성장과정, 정치입문과정과 총리가 되기까지의 과정을 다루고 있다. 2장의 타이틀은 '대통령, 우리들의 대통령, 라 미첼'로, 칠레의 미첼 바첼레트(Michelle Bachelet) 대통령의 성장과정과 독재정권 탄압을 피해 망명을 했던 시절과 대통령이 되기까지의 정치적 활동 기간에 대한 내용이 주를 이룬다.

3장의 '여성 지도자를 향한 일그러진 시선'에서는 메르켈 총리와 바첼레트 대통령이 최고 권력자의 자리에 올라 그 능력을 인정받고 안정적인 입지를 확보할 때까지 있었던 여성 정치인에 대한 편견과 시련을 그렸다. 4장은 '숭배와 증오를 한 몸에 받는 철의 여인 매기'로, 서방국가에서는 최초로 최고 지도자의 자리에 오른 영국의 마가렛 대처 수상에 대해 분석하고 있으며, 대처 수상을 바라보는 영국 국민들의 엇갈린 시선, 즉 숭배에 가까운 애착을 보이는 국민과 집요한 증오심으로 통치자를 바라보는 국민들의 모습을 그리고 있다.

5장은 '냉정과 열정 사이, 여성 정치인의 두 얼굴'로, 메르켈 총리, 바첼레트 대통령, 대처 수상의 정치적 스타일과 리더십을 비교·분석한 내용들이 들어 있다. 6장은 '거센 여풍을 일으킨 좌파 여성 지도자'로, 뉴질랜드의 헬렌 클라크(Helen Clark), 핀란드의 타르야 할로넨(Tarja Halonen)을 중점적으로 다루었고, 라트비아의 여성 대통령 바이라 비케-프레이베르가(Vaira Vike-Freiberga), 아일랜드의 두 여성 대통령 메리 매컬리스(Mary McAleese)와 메리 로빈슨(Mary Robinson)에 대해 언급하고 있으며, 스위스의 대통령 미슐린 칼미-레이(Micheline Calmy-Rey) 문제도 다루고 있다.

7장 '남성의 역할은 무엇인가?'에서는 메르켈 총리, 바첼레트 대통령 그리고 프랑스 최초의 여성총리였던 에디트 크레송(Edith Cresson)의 경우를 예로 들어 막강한 권력을 행사하거나 무시할 수 없는 상징성을 가지고 있는 여성 정치지도자들에 대해, 오직 여성이라는 이유 하나로 그들의 능력과 수완을 의심하거나 의문을 제기하는 사람들이 많이 있다는 사실을 다루고 있다.

8장은 '시대의 운명과 맞선 정치계의 두 여성 거목'으로 시대적으로 여성이 국가의 수장이 된다는 것이 힘든 시기에 역사적 우연으로 권력의 정점에 오른 골다 메이어(Golda Meir)와 인디라 간디(Indira Gandhi)를 조명하고 있으며, 9장의 '아시아의 패러독스'에서는 여성에게 허락되는 자율성이 매우 제한적인 이슬람 사회에서 아버지와 남편이 암살된 것이 계기가 되어서 정치권력의 정상에 오른 파키스탄의 베나지르 부토(Benazir Bhutto) 총리와 스리랑카의 시리마보 반다라나이케(Sirimavo Bandaranaike) 총리, 인도네시아의 메가와티 세디아와티 수카르노푸트리(Megawati Setiawati Soekarnoputri) 등을 통해서 이들의 정치적 역정과 특징을 설명한다.

10장 '시련 속의 권력'에서는 방글라데시에서 서로 정권 장악을 위해 권력투쟁을 하고 있는 암살당한 대통령의 미망인이자 총리인 칼레다 지아(Khaleda Zia)와 건국을 주도했지만 역시 암살로 생을 마친 초대 대통령의 딸인 셰이크 하시나 와제드(Sheikh Hasina Wajed), 그리고 글로리아 마카파갈 아로요(Gloria Macapagal Arroyo) 필리핀 대통령, 포샤 심슨 밀러(Portia Simpson Miller) 자메이카의 총리, 아프리카 세네갈의 맘 마디오르 부아(Mame Madior Boye) 총리, 라이베리아의 엘렌 존슨 설리프(Ellen Johnson Sirleaf) 대통령 등의 정치 입문 배경과 정치적 활동 등이 그려져 있다.

여성 국가원수들의 검증된 리더십

현재 집권 중이거나 과거에 집권했던 여성 국가원수들의 리더십 특성을 살펴보면, 시대적, 역사적 변화와 함께 여성 정치인들의 리더십도 변화하고 있다는 것을 알 수 있다. 이스라엘의 골다 메이어 총리, 인도의 인디라 간디 총리, 영국의 마가렛 대처(1925~현재) 총리는 모두 재임 시 강력한 리더십을 발휘한 소위 '철의 여인'으로 불리는 여성 정치지도자들이다. 골다 메이어 총리는 새로운 유대국가의 건국, 인디라 간디는 인도의 현대화와 자립화라는 국가의 역사적 과제를 안고 정부의 수반에 올라 정치적 역경을 헤쳐 나가면서 그 추진력과 정치적 업적으로 '내각 안의 유일한 남자'라는 말을 듣는 등, 남성정치인들과의 차별성을 찾기 힘든 강력한 리더십을 발휘했다. 또한 영국의 마가렛 대처 수상은 다른 여성 정치 지도자들과는 다른 시대적, 정치적 배경을 가지고 있지만, 유럽 최초로 정부 수반에 오른 여성으로, 권위적이고 독단적인 기질과 강력한 정치적 신조 때문에 남성적 리더십을 가진 인물로 평가되고 있다.

골다 메이어, 인디라 간디, 마가렛 대처 수상 이외에 확고한 의지와 끈질긴 성격, 의연한 기개를 보이는 여성 정치인들에게 요즘도 곧잘 '철의 여인'이라는 별칭이 붙곤 하는데, 독일의 메르켈 총리는 때때로 그녀의 권력욕과 냉정함 때문에 대처 수상에 비유되면서 '독일의 철의 여인'이라고도 불리지만 사실상 그녀의 리더십은 대처의 리더십과는 많이 다르다.

메르켈 총리는 침착하고 논리적이며 실용적인 성격으로, 남성이 독점하다시피 한 정계에서 흔히 찾아보기 어려운 장점과 미덕을 갖고 있는 것으로 평가되며, 남성을 편애했던 대처와는 달리 여성을 측근과 총리공관의 요직에 배치하고, 내각에 다수의 여성 장관을 참여시켰다. 그녀는 여성 정치인 특유의 장점으로, "인내, 끈기, 자기통제, 공감능력, 양식, 존경심, 관용, 용기"를 들고 있다. 여성 정치의 유리한 측면과 관련해서는 "위험보다는 기회를 우선적으로 검토하고, 새로운 것이나 생소한 것을 두려워하지 않으며, 세상의 약점과 힘의 역학을 현실적인 눈으로 바라보려는 의지"라고 주장한다. 그녀는 적극적으로 여성성을 내세우지는 않지만, 여성 정치인으로서의 장점과 유리한 점을 인식하고 그것을 활용할 줄 아는 합리적인 여성 정치인이다.

지극히 보수적인 사회 칠레에서 여성 최초의 대통령이 되었던 미첼 바첼레트 대통령(재임 시기: 2006~2010)은 여성이 정치에 독특하게 기여한다고 강조한다. 그녀는 "여성은 권위주의적인 입장보다 해결책과 그에 도달하는 방법에 더 관심이 많습니다." 또한 "남성은 승리라는 결과에 관심이 있지만 여자는 승리를 달성하는 과정에 신경을 씁니다."라는 표현을 쓰면서, 남녀가 권력을 행사하는 방법이 다르다는 것을 설파한다. 미첼 바첼레트는 권력을 조금 다르게 행사함으로써 시민 민주주의를 발전시킬 수 있다고 믿고 있으며, 국민들을 공론에 참여시키고 그들의 말에 귀를 기울이는 것은 나약한 게 아니며, 아무 공약이나 남발하는 것이 아니라는 것을 남성들과는 다른 정치의 기준으로 보고 있다.

바첼레트 대통령은 초창기에는 여성이라는 사실을 내세우려고 하지 않았지만, 점차 한 가정의 어머니이자 국정을 책임지고 있는 여성으로서 개인적, 사회적으로 조화로운 삶을 유지하는데 가족이 얼마나 중요한가를 피력하고, 정치에 있어서 여성적 특성을 최대한 활용하면서 여성 대통령에 대한 사회적 편견을 극복시키는 데 성공했다. 그녀는 스스로를 페미니스트라고 밝히지는 않지만, 많은 페미니스트 운동가들과 함께 국정을 의논하며, 여성 우호적인 정책을 수립하고, 2006년 3월 과감하게 남녀 성비가 같은 내각 팀을 구성하면서 적극적인 양성평등 정책을 수립했다.

한편 1893년 세계 최초로 여성에게 참정권을 부여한 뉴질랜드의 헬렌 클라크 총리, 1906년 일찍이 여성에게 의원선거에 출마할 수 있는 권리를 부여한 핀란드의 타르야 할로넨 대통령, 라트비아의 바이라 비케-프레이베르가 대통령, 그리고 아일랜드의 두 여성 대통령, 메리 매컬리스, 메리 로빈슨처럼 확고하고 강인한 정치적 리더십으로 정치적 능력을 인정받고, 적극적인 여성 친화적인 또는 페미니스트적인 정책을 수립하면서 사회적으로 거센 여풍을 일으킨 여성 정치인의 리더십도 있다.

반면 파키스탄의 베나지르 부토 총리와 스리랑카의 시리마보 반다라나이케처럼 여러 여성 국가원수들이 스스로 정치적 입지를 쌓으면서 최고 권력자에 오른 것과는 대조적으로 아버지와 남편이 암살된 후, 가문의 후광을 등에 업고 이슬람 사회에서 권력의 정상에 올랐지만 부정부패와 방만한 정책운영을 한 여성 정치인들도 있다.

더 많은 여성 국가원수들이 등장하는 이유

21세기 지식정보사회의 등장으로, 소위 3F(Feminity, Feeling, Fiction)가 강조되면서 감성과 상상력을 바탕으로 한 산업이 중요시되고, 유연성이 사회의 주요한 가치로 나타나게 되었다. 여성적이라고 무시되었던 가치들이 새롭게 재조명되는 시대적 환경은 그 어느 때보다도 여성의 정계 진출에 우호적이다. 요즘 정계에 진출하는 여성 정치인들은 여성성을 포기하지 않고 오히려 여성이라는 사실과 모성적 이미지를 장점으로 활용하기도 한다. 아직까지는 여성 국가원수들이 수적으로 제한적이지만, 점차 국가원수에 도전하는 여성정치인들이 늘어나고 있다.

모든 여성 국가원수들이 반드시 남성 정치인들과 차별적 정치적 리더십을 보이는 것은 아니지만, 시대의 변화와 함께 점차 여성의 장점을 살리면서 전통적 남성 정치인의 리더십과는 다른 새로운 차원의 정치세계를 펼쳐갈 것이다. 정치적 역량을 인정받는 여성 지도자가 증가할수록 여성 정치인에 대한 편견과 고정관념은 깨어질 것이다. 이제 세계의 정치가 여성 중심으로 바뀔 날도 멀지 않았다. 여성 중심의 민주 정치는 지금의 민주화와는 전혀 다른 방식으로 전개될 것이며, 이는 내부로부터의 혁명에 비견될 만한 새로운 정치 형식이 될 것이다.

세계 여성 지도자들의 탄생,
이제는 한국의 박근혜

2010년 11월 4일 남미 대국 브라질에서 제2의 브라질 대처로 불리우는 '지우마 호세프'라는 최초의 여성 대통령이 탄생되었다. 여성 지도자 하면 마가렛 대처 영국 수상을 가장 먼저 떠올리게 되는데, 그것은 당시 노동자들의 잦은 파업으로 위기에 몰린 영국에서 철저한 반공주의자인 대처수상이 대처리즘으로 불리는 강력한 리더십으로 파업을 진압했기 때문이다. 대처는 영국 경제를 되살리고, 아르헨티나와의 포클랜드 전쟁을 승리로 이끌면서 여성 지도자로서의 나약한 이미지를 한 번에 불식시키며, 여성 지도자에 대한 세계인의 인식을 바꿔 놓았다.

그 뒤 세계 각국은 마가렛 대처수상의 계보를 잇는 여성 대통령들을 배출해내기 시작했는데, 독일을 유럽에서 가장 영향력 있는 나라로 이끈 메르켈 여성 총리를 비롯해서 핀란드의 아줌마로 불리는 할로넨 대통령, 호주의 대처로 불리는 젊은 미모를 자랑하는 길러드 총리, 아이슬란드의 시키르다로티디, 중남미의 페르난데소아 아르헨티나 대통령, 코스타리카의 친치야 등과 아시아에서는 인도 카르기스스탄, 방글라데시 등에서 여성지도자들의 눈부신 지도력이 펼쳐지고 있다.

이렇게 세계 각국에서 앞다투어 여성 지도자들의 탄생하고 있는 이유는 여성 특유의 섬세한 지도력과 남성을 능가하는 새로운 카리스마 리더십이 발휘되고 있기 때문이다. 또 여성 지도자만이 지닐 수 있는 이미지로 인해 정상회담이나 공적인 자리에서 더욱 크게 부각되며, 미디어 정치가 시대적 조류인 현 사회에서 집중 조명을 받는 이점이 있다.

예를 들어 정상회담에서 상대국 대통령이 여성이라면 세계 각국의 언론이 당연히 주목하게 되고, 회담에서 배려와 양보의 핸디를 줄 수밖에 없는 입장은 당연히 남자 대통령일 것이다.

지난 2002년 박근혜 한나라당 의원과 김정일 주석과의 방북 회담에서 박근혜 의원은 대통령 자격도 아니었지만, 김대중 대통령과 노무현 대통령이 얻어온 실속 없는 결과에 비해, 50년만의 경평 축구, 이산가족 상봉과 같은 실체적 결과물을 얻었다. 만약, 그 당시 박근혜 의원이 대통령의 자격으로 김정일 주석과 정상회담을 했다면 그 결과물은 상상 이상이었을 것이다.

전 세계적으로 여풍(女風)이 휩몰아치고 있다. 이제는 한국이다. 그동안 한국은 국가 지도자를 선택하는데 있어서, 머피의 법칙에라도 걸린 것처럼 계속적인 오류를 번복했다. 하지만 이제 한국은 잘못된 선택이 계속되어도 좋을 만한 상황이 아니다. 부자 기업과 가난한 서민들 간의 간극, 구세대와 신세대 간의 갈등, 정부와 국민과의 단절 등 심각한 문제들이 산처럼 쌓여있다. 이러한 문제가 해결되지 않고서는 한국의 미래를 장담할 수 없다. 따라서, 모든 문제 해결의 열쇠를 쥐고 있는 정직한 인물을 한국의 새 지도자로 뽑아야 한다.

4

새로운 한국 정치와 박근혜의 역할

박근혜의 대처 리더십 활용

여성들의 정계 진출이 활발해지고, 여성들의 정계 진출에 대한 사회적 편견이 줄어들고 있는 현실 속에서 국민들의 여성 정치인에 대한 기대치는 통상적인 남성 정치인에 대한 기대치보다 크다. 그렇다면 우리나라에 첫 여성 대통령이 탄생한다면, 그 여성 대통령은 오랫동안 남성들의 독무대였던 국정의 최고위직에서 이전과는 차별화된 정치를 하지 않을까? 또한 세계무대에서 점점 더 중요해지고 있는 한국의 위상에 시너지 효과를 주게 되지 않을까?

박근혜 전 한나라당 대표는 지난 2012년 7월 12일, 위기의 대한민국을 살릴 리더십은 영국병에 신음하던 영국을 되살린 대처리즘(대처총리의 리더십)이라고 말했다. 대처 총리의 리더십을 "+2%의 리더십"이라고 규정하고, 국가경제의 잠재성장률 5%에 지도자의 리더십 2%가 더해질 때 대한민국을 구할 대처리즘이 가능하다고 했다.

그는 "지금 우리나라는 대처 총리가 등장할 때의 영국과 비슷한 위기 상황"이라고 진단하고, 대처총리가 영국을 살려낼 수 있었던 힘은 시대에 맞는 원칙이었다고 말했다. 박 전 대표가 말한 원칙의 뼈대는 두 가지다. 과감한 공공부문 구조조정으로 작은 정부와 큰 시장을 만들고, 감세와 규제철폐로 기업하기 좋은 환경을 만들자는 내용이다. 이를 통해 300만 개의 일자리를 만들 수 있다고 했다. 법치와 엄정한 공권력의 확립을 강조했으며, 집단이기주의에 타협 없이 단호하게 대처해야 한다고 했다. 더불어 지도자가 확고한 원칙과 리더십을 가지고 국민 통합의 에너지를 만든다면 대한민국도 해낼 수 있다고 말했다.

대처는 집권 11년 6개월간 감세와 조세개혁, 강성노조약화, 주도면밀한 공기업 민영화, 규제혁파 등을 통해 망해가던 영국경제를 되살려 놓았다며, 법과 원칙의 강철 여인인 대처의 리더십이 한국이 지금 필요로 하는 리더십이라고 강조했다. 특히, 대처 개혁의 요체는 정부개혁이며, 감세와 작은 정부, 큰 시장을 일관되게 강조하는 박 전 대표의 인식과 맥을 같이 하고 있다. 또한 대처의 원칙을 지키는 소신과 결단력은 군사 안보 분야에서도 빛났으며, 포클랜드 전쟁에서 승리할 수 있었던 것도 대처의 결단력과 탁월한 위기관리 능력이 있었기 때문이라고 설명했다.

대처수상 집권 초기에는 여성인데다 화학과 출신이기 때문에 영국 경제의 중병을 고칠 수 있을지 우려도 있었고, 군대도 안 가본 연약한 여성이라는 이유로 군사적 위기나 테러에 과연 제대로 대처할 수 있을까 하는 우려도 있었다고 박 전 대표와 대처의 유사성을 강조한 뒤, 그러나 대처는 석탄노조의 파업과 같은 강력한 저항에도 법과 원칙으로 일관성 있게 대응해서 영국병을 치유했고, 포클랜드 전쟁을 불과 3주 만에 승리로 종결함으로써 이러한 우려들이 모두 근거 없음을 입증했다고 말했다.

박 전 대표는 정치적 지도자로서의 마가렛 대처 전 영국 총리의 이미지를 표방하는데 공을 들여왔다. 지난 2012년 1월 신년인사회에서 박 전 대표는 "영국의 대처 수상이 영국병을 치유해서 새로운 도약을 이룩한 것처럼 대한민국이 앓고 있는 중병을 고쳐 놓겠다"고 말한 바 있다.

대처 이미지 표방은 그동안 여성 대통령의 한계를 의식해 온 보수층의 불신을 씻어버리고, 여성 지도자로서의 강한 이미지를 부각시키는 전략으로 해석된다. 뿐만 아니라, 대처 전 총리가 추락하는 영국경제를 다시 회복시켰다는 평가를 받고 있는 만큼 현 'CEO출신 경제전문가'라는 이미지를 형성해온 이명박 전 서울시장보다 후한 평가를 받지 못한 박 전 대표에게 '대처 이미지'는 이를 만회할 수 있는 좋은 기회인 셈이다.

박근혜와 대처의 공통점은 두 사람 모두 이공계 출신이며, 비경제인 출신이라는 것이다. 또한 두 여성 정치인 모두가 경제를 전문적으로 연구한 학자나 실물경제를 체험적으로 터득한 CEO 출신이 아니다.

노벨 경제학상 수상자도, CEO도 해결책을 내어 놓지 못한 위기의 경제를 대처는 어떻게 살렸을까? 또 그 리더십의 비결은 무엇일까? 라는 질문을 던져 본다면, 어려운 경제를 살리는데 필요한 것이 실무 경험인지, 경제 지도자인지라는 최근 논란에 대해 어느 정도 실마리가 풀릴 것이다.

또한 여성 대통령 시기상조 등에 대한 시각과 관련해서, 최근 도대체 국가안보 위기에서 중요한 리더십이 무엇이냐? 남성이냐? 여성이냐?라는 문제를 제기하면서 생물학적인 성을 문제 삼는 정치인들에게는 일관성 있는 국가 안보 정책으로 위기에 대처한 대처 수상의 위기 해결 능력을 예로 들 수 있다.

마가렛 대처라는 위대한 리더십이 있었기 때문에 제2의 영국 번영이 가능했듯이, 지난 10년간 포퓰리즘, 선동정치, 민중주의에 우리나라는 몸살을 앓고 있다.

이제 이러한 무법의 시대를 청산하고, 어떤 위협이나 도전에도 굴하지 않고 한국을 통합할 위대한 지도자가 우리 국민들에게는 절대적으로 필요하다. 말로 하는 정치가 아닌, 행동 정치를 해줄 실천 대통령이 필요한 것이다.

그 사람이 누구겠는가? 영국의 대처리즘이 전 세계적으로 새로운 화두로 떠오르고 있는 이 때에 박근혜라는 의지의 인물이 겹쳐 보이는 것은 우연의 일치가 아니다. 지금 우리나라도 대처 전 총리가 등장할 때의 영국과 비슷한 상황이며, 여성 지도자의 섬세하고 구체적인 정책들로 망국병을 바로잡을 때이다.

박 전 대표가 강조한 대처의 리더십과 정책은 시대에 맞는 원칙과 작은 정부, 감세정책, 법치와 엄정한 공권력의 확립이며, 이러한 원칙을 가지고 국민들의 마음을 하나로 모은 통합의 리더십이 바로 대처리즘의 핵심이다.

동서양을 막론하고 여성이 정치의 주역으로 등장했던 사례는 적지 않다. 서양에서는 1974년 아르헨티나 이사벨 페론이 최초의 대통령이 된 것을 시발점으로 해서 영국의 대처 총리 등 많은 여성 정치인들이 국가 지도자로 등장했고, 현재 세계 각국에서 활약 중인 선출직 여성 국가지도자가 12명에 달하고 있다. 중국 역사상 대표적인 여성 지도자는 당나라 제3대 왕 고종 사후에 왕위에 올라 15년간 집권한 중국 유일의 여황제 측천무후(則天武后, 624~705.12.16)다.

우리나라에서 최초로 왕위에 오른 여성은 신라 제27대 통치자였던 선덕여왕으로, 선덕여왕은 통치기간(632~647년) 동안 백성들의 가난한 삶을 개선하기 위해 다양한 정책을 추진하면서 김춘추, 김유신 등과 같은 시대의 영웅들을 발굴해서 신라 3국 통일의 결정적 토대를 마련했다. 선덕여왕은 뛰어난 지혜로 천년왕국 신라의 기틀을 마련한 임금이다.

선덕여왕의 존재에도 불구하고 우리나라의 역사에서 가장 주시되는 대표적 여성 지도자는 고구려와 백제를 건국한 소서노(召西奴)

이다. 졸본부여의 임금 연타발의 딸 소서노는 동부여에서 도망쳐온 15세 연하 주몽과 결혼한 후, 주몽의 고구려 건국을 도와 중국의 수·당과 천하를 놓고 다툴 수 있게 했으며, 동부여에서 주몽의 아들 유리가 고구려로 오자, 신하들과 함께 많은 백성들을 거느리고 남쪽으로 내려가 아들 비류와 함께 미추홀에서 백제를 세웠다. 고대에 여성의 몸으로 두 나라를 건국하는 놀라운 업적을 남긴 것이다.

박근혜의 열망은 아직 터져 나오지 않았다. 땅속으로 깊이 뿌리를 박은 나무처럼 고요한 모습이다. 가볍게 움직이지 않는다. 쉽게 흔들리지도 않는다. 그 누구의 것도 빼앗지 않고, 그 어느 누구도 손가락질하지 않는다. 정직한 모습으로 가만히 앉아 미래를 설계한다. 일부의 사람들은 박근혜의 칩거를 손가락질하지만, 그 칩거는 제 살을 파고든 모래를 진주로 만들어내는 숙련의 과정이다. 박근혜가 한 번씩 자리를 털고 일어나면 더 많은 모래가 그 살을 에이고, 또 더 많은 진주가 만들어진다.

이제 더 이상 숙련의 시간은 필요 없게 되었다. 때는 무르익었고, 박근혜는 모든 것을 준비했다.

부친 박정희 전 대통령과 모친 육영수 여사의 장녀로 태어난 박 위원장은 모친 타계 후 퍼스트레이디 역할을 수행하면서 최고 통치 권력의 생리와 권력무상을 일찌감치 체험했다. 2004년 노무현 대통령 탄핵 역풍으로 위기에 처한 한나라당을 구해내고, 17대 총선에서 121석을 확보했으며, 4.11 총선을 승리로 이끌었다. 그리고 이제는 전 한나라당을 새누리당으로 재편해서 미래 한국의 정치 역사를 새롭게 쓰려 하고 있다.

[표 19] 대처 VS 박근혜 리더십 비교

대처	항목	박근혜
변화지향형	전반적 평가	안정지향형
인간중심형	리더십 유형	행정가형, 과업지향형
감성적	세계관	이성적
철인형	스타일	국모형
외향성	성향	내향성
추진력	강점	안정감
협상적	약점	완벽주의

박근혜 리더십과 장점

- 국민 속으로 들어가 국민과 함께 하는 동반자적 리더십
- 국민의 신뢰를 최고의 기반으로 여기는 신뢰의 리더십
- 국민의 어려움을 내 일처럼 걱정하고 위로할 줄 아는 인정의 리더십
- 말을 신중히 하고 한 말은 꼭 지키는 신의의 리더십
- 부모의 후광을 활용하되 부모의 은공과 은덕에 반하는 행동을 하지 않고 모든 노인을 내 부모처럼 여기는 효도의 리더십
- 항상 부드러운 미소로 상대방을 따뜻하게 감싸 안는 미소의 리더십
- 국가의 미래를 염려하고 준비하는 미래지향 리더십
- 국가의 당면과제를 정확히 지적하고 해결방향을 제시하는 생산적인 리더십
- 어려운 상황에 처해도 비굴하지 않고 의연히 대처하는 처변불경(處變不驚)의 리더십
- 돈과 재물을 탐하지 않고 청렴한 삶을 추구하며 빈부를 차별하지 않는 균형의 리더십
- 국가와 민족을 위해 자기의 생을 바칠 각오로 일하는 위국헌신의 리더십
- 옳다고 판단하여 결정한 일은 끝까지 밀고나가는 원칙존중의 리더십
- 일상생활을 구도적인 수행정진과 일치시켜 고독의 행복을 즐길 줄 아는 구도적 리더십
- 비리와 불의를 엄격히 배격하며 측근이라 할지라도 과감히 배격하는 엄격주의 리더십
- 국가 선진화라는 '박근혜 철학'을 정립, 삶의 원동력으로 삼는 철인정치리더십 등을 지니고 있다.

개인적 특성
- 박정희 전 대통령으로부터 영향을 받은 애국주의
- 절제되고 정제된 언어구사력
- 세심, 배려, 구체성을 지닌 여성성

역할상황
- 대선실패로 인한 내부변화
- 시대변화에 따른 보수야당으로서의 비전과 청사진 제시
- 여당대표인 박근혜가 처한 역할 상황
- 탄핵역풍에 따른 위기관리
- 대내외적 직위 권력
- 당내 의원들과의 관계

수행전략
- 전 대통령인 아버지의 후광을 간접적으로 활용
- 정쟁보다 정책대결을 통한 화합 중시
- 여성성의 장점 적극 활용 전략

조직행동으로서의 리더십 특성
- 아버지로부터의 영향력을 받은 카리스마적 리더십
- 갈등보다 화합지향의 리더십
- 세심함, 배려, 구체성 중시하는 여성리더십으로 신뢰감 형성

[그림 12] 박근혜의 역할 상황과 리더십 특성

적이 강하면 피하고 적이 약하면 공격한다. 전쟁이나 정치나 공방의 기본 원리는 다르지 않다. 정치에서는 상대의 약점을 집중공격하는 것을 '인정머리 없다'거나 '공정하지 않다'고 하지 않는다. 같은 비용으로 최대의 효과를 노리기는 정치나 경제나 마찬가지다.

박근혜의 검증된 경제 리더십

체계적인 가치관과 비전을 갖추지 못하고 단편적인 생각들과 가치들만 있다는 것은 전체를 보지 못하고 자신이 알고 있는 몇몇 부분에 집착할 위험이 있다는 말과 같으며, 숲과 나무를 같이 보는 균형감각과 개방성, 유연성을 갖지 못하고 특정 생각이나 가치에 고집스럽게 집착할 위험성이 크다는 뜻이다.

체계화된 가치관과 체계화되지 않은 가치들의 차이는 생각보다 크다. 눈, 코, 입을 따로 예쁘게 그려놓고 그것들을 조합하면 가장 예쁜 얼굴이 될 것 같지만, 막상 그렇게 그려놓으면 어딘지 균형이 안 맞거나 조화가 이루어지지 않아 어색하고 작위적인 느낌을 주는데, 이런 경우가 체계화되지 않은 가치들의 모습이다. 매력적인 얼굴은 눈, 코, 입 하나하나도 예쁘지만 각 부분들이 조화를 이루고 균형이 잡혀 전체적으로 개성과 매력이 있는 얼굴이다. 이런 얼굴은 표정이 살아있고 자연스럽다.

박근혜는 자신의 프로필 백문백답에서 이성을 볼 때 어디를 먼저 보느냐는 질문에 "어느 한 곳보다 전체적 느낌을 본다"고 대답한 바 있다. "어느 한 곳보다는 전체적 느낌" 바로 이것이 가치들의 덩어리보다 체계화된 가치관을 보는 방법이다.

체계화된 가치관은 가치들을 단순히 정렬시키는 것으로 만들어지지는 않는다. 가치관은 가치들을 용해해서 차원이 다른 '가치 체계'로 재구성할 때 만들어진다. 가치관의 형성과정은 구리와 주석을 함께 녹여 청동이라는 전혀 새로운 금속을 만들어내는 합금 제조과정과 같다. 물론 청동 속에는 구리도 있고 주석도 있다. 그렇다고 구리나 주석을 청동이라 부르지는 않는다. 가치들의 덩어리와 체계화된 가치관은 이렇게 차원을 달리 한다.

가치들을 녹여 새로운 가치관으로 재구성하는 과정은 논리와 철학의 담금질 과정이다. 이는 폭넓은 독서와 깊은 사색, 그리고 훈련된 논리적 추론에 의해 얻어지는 깨달음과 숙성의 과정을 필요로 한다. 젊은 시절 이념적 담금질을 받은 박정희나 평생 공부를 게을리 하지 않은 김대중은 체계화 된 가치관을 갖고 있었고, 그것을 부단히 단련했다. 그러나 얼떨결에 대통령이 된 전두환, 노태우는 말할 것도 없고, 김영삼, 노무현 같은 대중 정치인도 체계화된 가치관을 갖추었다고 하기는 어렵다. 지향하는 가치는 있었지만 그것을 가치관으로 담금질 하지는 못했던 것이다. 이명박 대통령도 이 점에서는 전임자들과 크게 다르지 않다.

그러나 박근혜는 다른 정치인들에 비해 상대적으로 뚜렷한 가치관을 보여주고 있다.

박근혜, 포용과 통합의 정치력

스탠포드대학 연설에서 박근혜는 구체적 정책보다는 외교와 경제 분야에 대한 비전을 제시하는데 주안점을 두었다. 특히 '원칙이 바로 선 자본주의' 대목은 경제에 대한 박근혜의 가치관이 투영되고 있다는 점에서 이 연설의 백미라 할만하다. 스탠포드 연설과 같은 비전이 어쩌다 한 두 번이 아니라 일상적으로 제시되어야 하는데, 인기를 의식하지 않고, 누군가에게 보여주기 위한 액션을 취하지 않는 박근혜의 특성상, 대중 앞에 나서서 가지고 있는 것을 다 보여주라고 하기는 어렵다. 지도자는 정책 전문성을 넘어서는 비전, 가치관의 선도자여야 하기 때문이다.

박근혜는 포용과 통합의 정치력이 부족하다는 지적을 종종 받는다. 포용과 통합은 다름에 대한 이해와 인정으로부터 시작된다. 다른 사람의 생각이 나와 다를 뿐 틀린 것은 아니라는 생각, 다른 사람의 생각도 진리일 수 있다는 생각이야말로 포용과 통합의 시작이다. 이 같은 겸손은 인간 존재의 불완전성에 대한 자각과 고백에서 시작된다. 인간은 불완전하기 짝이 없는 존재라는 자기 고백이야말로 절대자와 인간이 맺는 종교적 관계의 출발점이고, 인간과 인간이 맺는 민주적 사회·정치관계의 시작이다. 길 잃은 한 마리 양을 위해 몸을 숙이는 예수의 모습이야말로 우리가 희구하는 진정으로 통합적인 리더십, 사랑의 정치인 것이다. 박근혜는 천주교 신자이므로 절대자 앞에서는 절대적으로 겸손할 것이며, 그의 겸손이 진실한 것이라면, 국민을 대하는 그의 태도 또한 겸손할 것이다.

겸손을 갖추었으면 그 다음에는 나와 다른 생각을 적극적으로 받아들이고자 하는 능동적 행동이 필요하다. 행동하지 않으면 통합은 없다. 먼저 다가가지 않으면 포용은 없다. 강한 자가 먼저 다가가고 강한 자가 먼저 움직인다. 진실로 겸손한 자, 진실로 자신을 열어놓는 자가 먼저 다가가고 먼저 움직인 자가 결실을 얻을 확률이 높듯이 박근혜 또한 포용과 통합을 제일의 원칙으로 삼고 있다고 본다.

박근혜의 포용을 통한 통치력 구현

많은 정치인들이 국민을 중심에 두지 못하고 부정부패를 일삼는 정치를 하면서 국민들에게 많은 실망을 주었다. 부정부패는 국민들의 근로의욕을 떨어뜨리고, 국가경쟁력을 약화시킨다. 따라서 부정부패를 척결해야만 국가경쟁력을 강화시킬 수 있으며, 민주선진국으로 도약할 수 있는 토대를 만들 수 있다.

우리 정치에 뿌리 깊이 박혀있는 구태정치 · 부패정치의 잘못된 정치문화와 단절하고 새로운 정치, 미래 정치로 새로운 대한민국을 만들어야 할 때이다. 이명박 정부의 친인척 부정부패는 국민들이 대통령을 믿지 못하게 만들었다. 국민들은 이제 박근혜 대표를 상대로, 집권을 하게 되면, 묵은 때를 깨끗이 벗기고, 새로운 쇄신 정책으로 정치계에 변화와 혁신의 바람을 일으켜 줄 것을 강하게 요구하고 있다.

특히, 지역감정 극복을 위한 포용과 상생정치의 실현을 위해 고착화된 영호남과 충청도의 지역감정을 하루 빨리 해소시켜야 한다. 김영삼, 김대중, 김종필 이 세 사람은 지역감정을 부채질했다. 우리나라의 지역감정은 지역의 세를 이용하려는 정치인들에게 번번이 이용되어 왔다. 노무현은 지역감정 해소를 위해 노력했지만, 큰 진전이 없었다. 이번에도 지역감정을 해소시키려는 출마자들이 있다. 그들이 이 나라의 고질적인 지역감정을 해소시키는 계기를 마련하기를 바란다.

박근혜의 경우도 영남 지역을 기반으로 해서 압도적인 표차로 새누리당 의원들을 당선시킴으로서 영남지역의 최대 수혜자가 되고 있다. 정치인들이 지역감정을 조장해서 그들의 정치생명을 연장시키려고 한다면 한국 민주주의는 영원히 퇴보할 것이다. 따라서 영호남과 충청, 경기, 강원, 제주 모두를 아우르는, 포용하고 상생하는 정치를 통해 국가경쟁력을 높일 수 있는 발판을 마련해야 한다.

그 밖에도 서민을 위한 복지정책을 최우선적으로 펴야 한다. 지금 우리나라 국민들은 갈수록 어려운 생활을 하고 있다. 서민들은 60년, 70년대 박정희 대통령 시절이 살기 좋았다고 이구동성으로 얘기한다. 생활의 전반적인 수준은 높아졌다고 하지만, 고물가로 인해 오히려 생활이 힘들어져, 신 빈곤층이 증가하고 있는 실정이다.

또한, 노인층의 증가와 소년소녀가장이 늘어나고 있고, 결손가정 증가, 장애인 증가 등 갈수록 서민층이 무너져가고 있다. 서민층이 무너지면 나라의 장래는 없다. 따라서 진정성을 가지고 서민을 위한 실질적인 복지정책에 힘을 쏟아야 한다.

이명박 정부는 4대강 개발을 빌미로 복지예산을 축소했고, 그에 따라 서민과 극빈층의 삶은 더욱 어려워졌다. 서민들이 피부로 느낄 수 있는 복지정책 마련은 말로 되는 것이 아니다. 가장 절실하게 요구되는 부분에 가장 효과적인 방법으로, 시급한 대책을 마련해야 한다.

박근혜, 검증받은 주자로서의 인식과 MB와의 차별화

박근혜의 지지율은 큰 흔들림 없이 여전히 강고하다. 박근혜 지지율의 강점은 단순히 그 수치가 높다는 데에 그치는 것이 아니다. 여론조사 전문가들은 지지율의 충성도가 그 누구보다 높다는 점을 '박근혜 대세론'의 근간으로 꼽고 있다. 역대 대선주자 중 가장 오랜 기간 동안 지지율 1위 자리를 이어가고 있는 박근혜의 지지율에 담긴 비밀은 무엇일까?

지금으로부터 5년 전인 2007년 6월 무렵, 대선을 6개월여 앞둔 그 시점의 대선후보 지지율을 되돌아보자. 2007년 6월 12일~13일에 실시한 CBS, 리얼미터 조사 결과는 이명박 38.2%, 박근혜 30.4%, 손학규 6.2% 순이었다. 조사 기관별로 차이는 있지만, 그 시점의 대선주자 지지율 순위는 이명박 – 박근혜 – 손학규 순이었다. 그렇다면 역시 대선을 6개월 앞두고 있는 2012년 현재는 어떨까? 만 5년이 지난 6월 11~15일 실시된 리얼미터 조사에서 차기 대선주자 지지율 순위는 박근혜 – 안철수 – 문재인 순이다. 2007년 대선 당시 야권주자였던 이명박, 박근혜 두 후보가 나란히 1, 2위를 차지하고 있었지만, 2012년 대선 정국에서는 야권주자인 안철수 서울대 융합과학기술대학원장(21.1%), 문재인 민주통합당 상임고문(11.6%)이 2, 3위로 밀려나 있고, 여권 주자인 박근혜 전 위원장(42.8%)이 독주 체제를 이어가고 있는 양상이다. 박 전 위원장은 2위와도 더블스코어 이상으로 여유 있게 앞서고 있다.

이에 대해 한 여론조사 전문가는 당시 고 노무현 전 대통령의 참여정부에 대한 평가가 좋지 않았다는 점과 이명박 현 정부 역시 여러 실정으로 좋은 여론을 얻지 못하고 있는 상황이 비슷하다는 점을 지적하며, 여권 주자인 박근혜 전 위원장이 높은 지지율을 이어가고 있는 것은 야권 주자들에겐 고민거리일 수밖에 없다고 했다.

현재 야권의 대권주자 상황을 보다 심각하게 보고 있는 일부 전문가들 사이에서는 박근혜 전 위원장에 관한 핵폭탄급 비리 의혹이 터지지 않는 한 야권이 정권을 되가져가긴 어려울 것이라는 부정적 전망까지 나오고 있다.

지지율 충성도가 높고, 독주행진을 이어가고 있는 박근혜 전 비대위원장의 지지율은 종종 콘크리트 지지율에 비교되기도 한다. 최근 한 조사 결과는 박 전 위원장에 대한 지지자들의 충성도가 얼마나 높은지 가늠할 수 있게 한다. 지난 2012년 5월 10일~11일, 여론조사기관 케이엠조사연구소가 실시한 조사에서 박근혜 전 위원장 지지자 중 그 어떤 정치적 상황에서도 끝까지 지지하겠다고 대답한 고정 지지층이 과반수에 달하는 것이 이와 같은 내용을 뒷받침한다. 즉, 이미 많은 국민이 차기 대통령은 박근혜가 적임자임을 인정하고 있다는 것이다.

경제 양극화와
국가 위기 극복을 위한
차기대통령

왜 박근혜인가

4

박근혜를 알면 한국의 미래가 보인다

서문

한국의 미래가 박근혜에게 달려 있다. 구태를 벗어나지 못한 한국의 정치 현실과 거듭되어 온 대통령들의 실정으로 국민들은 그 어느 때보다 정직과 신뢰로 중무장한 대통령을 원하고 있다. 국민을 배신하지 않는 대통령, 국민의 생계를 가장 먼저 챙기는 대통령, 약한 자에게 한없이 약하고, 강한 자에겐 더없이 강한 무소불위의 대통령을 국민들은 원한다. 현재 한국의 대안은 박근혜다. 진흙탕 속에서 도도하게 피어오른 연꽃처럼 한국의 정치와 경제에 꽃을 피워줄 차기 대통령은 박근혜일 수밖에 없다.

박근혜는 보수 분열의 위기를 성공적으로 막았으며, 민심을 얻었고, 한국의 미래를 제시했다.

친이계 학살 과정에서 예상됐던 분당의 위기를 단숨에 봉합할 수 있었던 것도 박 위원장의 힘이다. 공천 후유증을 피하지 못했던 야권 대선주자들의 리더십과 비교되어 그 효과는 더욱 빛을 발했다.

쇄신과 민생을 앞세운 박 위원장의 민심 파고들기에 대한 반응은 선거 운동과정에서도 그대로 나타났다. 강원·충북을 찾았을 때 수천 명의 유권자들이 박 위원장의 얼굴을 보기 위해 몰려들었고, 지역 맹주나 대표 정당이 사라진 중원지역에서 박근혜의 '미래론'은 공감대를 형성했다. 흩어졌던 민심이 다시 합쳐지고, 패가 갈린 부산과 경남의 민심도 박근혜에 대한 기대심으로 한껏 달아올랐다.

2012년 총선이 끝난 직후, 정치권에서는 '박근혜 대세론'이 탄력을 받기 시작했다. 이번 총선 대승이 '대통령 박근혜'의 길을 연 것이다.

집권 여당에 불리할 수밖에 없었던 임기 말 선거를 '미래'라는 새로운 화두를 꺼내 뒤집은 박 위원장의 선택은 모두를 놀라게 만들었다. 이런 박근혜의 미래가 유권자들의 선택을 받을 수 있었던 것은 그가 평소 강조했던 신뢰와 실천에 대한 철학을 국민들이 인정했기 때문이다. 결국 박근혜의 쇄신 의지를 국민들이 받아들였고, 이는 결국 '대통령 박근혜'를 원하는 국민들의 표로 연결되었다.

매스컴을 통해 한창 인기몰이 중인 안철수는 본인의 의지는 국민들의 선택에 따라 달라질 수 있다는 애매모호한 발언을 함으로서, 자의가 아닌 타의에 의해 대통령에 출마할 수 있음을 시사했다. 그의 성향이나 인품으로 보아 한국사회에 보탬이 될 수 있는 일이라면 어떤 역할이든지 감당하겠다는 의지의 표현으로 보이는데, 국민들은 그동안 수없이 많은 정치계의 스타들을 보아왔다. 그들은 혜성처럼 등장했다가 크고 작은 어려운 상황에 대처하지 못하고, 주변의 질책과 비판 속에 종적도 없이 사라져 버렸다. 안철수 또한 벌써부터 여론의 질책에 시달리고 있다. 수년 전 분식회계 등의 혐의로 구속되어 재판을 받았던 SK그룹 총수 최태원 회장의 구명운동을 했던 사실이 보도되면서 여론의 몰매를 맞고 있는 것이다. 그가 정의의 화두로 내세웠던 '재벌개혁'이 친분이라는 벽을 넘지 못한 사실을 돌이켜 볼 때, 결국 대통령의 자리는 인품과 학식, 철학, 신념으로 오를 수 있는 자리가 아니라, 대장간의 무쇠처럼 두드려 맞고, 깨어지고, 뜨거움과 차가움을 차례대로 맛보다가 뛰어난 그 무엇이 된 사람만이 오를 수 있는 자리라는 것이 증명되었다.

왜 박근혜가 적임자이겠는가? 그는 공주가 아닌, 신화 속의 바리데기처럼 온갖 역경과 고초를 이겨내며 국가와 국민을 위해 자신을 탁마한, 한국이라는 나라가 선택한 한국의 대처이기 때문인다.

1

박근혜의 프로필

약력

1964	장충초등학교 졸업
1967	성심여자중학교 졸업
1970	성심여자고등학교 졸업
1974	서강대학교(전공: 전자공학) 졸업
1987	자유중국 문화대학 명예문학박사
2002	서울대학교 공과대학 최고산업전략과정(26기) 수료
2008	KAIST 명예이학박사
2008	부경대학교 명예정치학박사
2010	서강대학교 명예정치학박사

경력

1974~1979	퍼스트레이디 역할
1974~1980	걸스카웃 명예 총재
1980~1988	영남대학교 이사
1982~1990	육영재단 이사장
1993~**현재**	한국문화재단 이사장
1994~2005	정수장학회 이사장
1994~**현재**	한국문인협회 회원
1998~2000	15대 국회의원
	국회 산업자원위원회 위원
	국회 여성특별위원회 위원
1998~2002	한나라당 부총재
2000~2004	16대 국회의원
	국회 통일외교통상위원회 위원
	국회 여성위원회 위원
	국회 과학기술정보통신이원회 위원
2002.5~2002. 11	한국미래연합 대표최고위원
2003	한나라당 대선 선대위 의장
	한나라당 대선 선대위 의장
	한나라당 상임운영위원
2004~2008	17대 국회의원
	국회 국방위원회 위원

	국회 행정자치위원회 위원
	국회 환경노동위원회
2004. 3~2006. 6	한나라당 대표최고위원
2007	한나라당 17대 대통령 경선후보
2008~현재	18대 국회의원
	국회 보건복지가족위원회 위원
	국회 기획재정위원회 위원
2011. 12~2012. 5	새누리당(구 한나라당)비상대책위원장
2012. 6~현재	19대 국회의원

성장과정

박근혜가 정치권에 있는 한, 숙명처럼 받아들일 수밖에 없는 아버지 박정희의 존재는 그가 넘어야할 험난한 산이다. 박정희 대통령의 유산은 그가 정치인으로서의 자질과 리더십을 갖추는데 지대한 영향력을 미친 것은 틀림없는 사실이다. 전 보사부장관이었던 송정숙씨의 칼럼을 보면 "10대 소녀일 때, 목숨 걸고 혁명을 한 아버지를 따라 대통령 가에서 성장을 했고, 20대에는 비명에 간 슬픈 어머니 대신 퍼스트레이디 훈련을 받았으며, 30대 문턱에서 암살당한 아버지의 주검을 장사지내야 했던 그 비범한 경험의 수련은 오늘날의 박근혜를 바늘 끝의 침노도 허락지 않는 단단함으로 탁마시켰을 것이다"라는 부분이 있다. 또, "방황하거나 늪에 빠지지 않고 오늘까지 견뎌오게 한 그의 어떤 집념이 이제는 흔들리지 않는 신념이 되어 버렸을지도 모르겠다"는 구절에 이르면 박근혜의 정치적 신념과 의지가 어디에서 나왔는지를 알 수 있다.

박근혜의 2012년 대통령 출마는 세 번째 도전이다. 지난 2002년 처음 당내 경선 출마를 선언한 후, 10년간 절치부심한 셈이다. 박근혜는 2002년 당내 경선 당시 3위권 주자였다가, 2007년 경선에서는 1, 2위를 다투었으며, 2012년에는 대세론을 확립했다. 달라진 위상은 그를 유력한 대선 주자로 만들었지만 그만큼 당 안팎의 견제와 비판도 거세졌다.

박근혜는 한나라당 부총재로 선출된 2001년에 대선 경선 출마를 선언했다. 당시는 이회창 총재가 대세론을 이뤘고, 박 전 위원장은 지지율에서 2위권에도 속하지 못했다. 박 전 위원장은 이 총재를 '제왕적'이라고 비판하며 대선 전 집단지도체제 도입을 요구했다. 특히 그는 당시 민주당이 주장했던 국민참여경선제 도입을 촉구했다. "들러리를 서는 경선은 하지 않겠다"며 이 총재를 압박하기도 했다.

그러나 받아들여지지 않자, 그는 2002년 3월 전격 탈당을 선언했다. 박 전 위원장은 당시 당내 비주류·개혁 세력의 지지를 받았고, 20~30대 젊은 유권자의 관심을 모았다. 그러나 박 전 위원장의 지지율은 3위권에서 주춤했고, 그는 그해 10월 복당했다. 이후에는 경선을 통해 선출된 이 총재를 도와 대선을 치렀다. 5년 뒤 박 전 위원장은 이명박 후보와 함께 1·2위를 다투는 유력 주자로 성장했다. 그러나 두 후보는 경선 룰을 둘러싸고 끊임없이 갈등했다. 박 전 위원장이 "이런 식으로 하면 경선도 없다"고 한 날, 이 후보는 대선 경선

출마를 공식 선언했다. 박 전 위원장은 결국 경선에 참여했지만 패배했다. 당시 박 전 위원장은 결과를 보자마자 깨끗이 승복하는 성숙된 모습을 보였다. 이를 통해 그는 대선 이후 현재까지 가장 유력한 대선 후보로 자리매김했다.

새누리당의 비박근혜계 주자들은 경선 룰 변경을 꾸준히 요구해 왔는데, 박근혜가 이를 일축하면서 '불통'이라는 지적을 받기도 했다 이러한 비주류의 요구에도 경선을 강행한 박 전 위원장은 2012년 현재 여야 주자 가운데 지지율 1위 자리를 굳건히 지키고 있다.

박근혜는 정몽준 전 대표, 이재오 의원의 경선 불출마 다음날인 2012년 7월 10일, '변화·희망·미래'를 키워드로 대선 출사표를 던졌다.

2007년 경선에서 박 전 대표를 도왔던 한 핵심 인사는 "2002년에는 정책을 밝힐 기회 자체가 없었고, 2007년까지는 경제성장률이 높았음에도 정부의 잘못으로 부작용이 속출했기 때문에 줄푸세(정부 규모와 세금을 줄이고, 불필요한 규제를 풀고, 법질서를 세우자) 정책을 정부에 내놓았지만, 이론을 중시한 경향이 있었다"면서 "지금은 현장의 어려움을 강조하고 있다"고 역설한다. 지난 10년간 박근혜의 정책도 많이 변화했다. 이론 중심에서 현장 중심으로 바뀌었고, 정치입문 15년의 뿌리 깊은 나무가 되었으며, 대권 3수의 준비된 대통령이라는 이미지를 국민들에게 확실하게 심어 주었다.

[표 20] 박근혜의 대선 관련 주요 행보

2002년	2007년	2012년
대선출마 선언 뒤 이회창 총재의 당 개혁 소홀을 이유로 탈당했으며, 이후 복당해서 대선을 지원함	대선 경선 출마 후 이명박 후보 측과 경선 룰 갈등, 경선 패배 후 승복 선언	비박계 주자의 경선 룰 개정 요구 일축 후 경선출마 선언
"내가 대통령이 되는 것이 중요한 것이 아니라 정치개혁을 이루는 것이 우선"	"이런 식으로 하면 한나라당은 원칙도 없고 경선도 없다"	"매번 선수에게 룰을 맞추는 것은 말이 안 된다"

자료 : 서울경제. 2012.7.10.

왜 박근혜인가

2

박근혜의 정치 철학은 무엇인가

철의 여인이라 불리는 영국의 여성 정치가 마가렛 대처 수상은 대처리즘으로 유명하다. 이에 견주어 박근혜의 정치철학을 근혜리즘으로 불러도 무방할 것이다.

마가렛 대처는 옥스퍼드대학교에서 문학사와 이학사(1949년) 자격을 취득했고, 옥스퍼드대 보수연합회에서 최초의 여성회장이 되었다. 부유한 실업가와 결혼해서 변호사 공부도 할 수 있었는데, 1950년에는 하원의원에 출마했다가 낙선했다. 그 후 정치에 계속 관심을 갖다가 1959년에 보수당으로 출마한 후 당선되어 의회에 진출했다. 그 후 보험연금부 차관 등을 지냈으며, 1974년 보수당이 총선에 패배하여 히스 후임으로 당수에 올랐고, 1979년에는 선거에서 보수당이 승리하자 수상에 취임했다. 당시 보수당의 승리는 노조에 대한 그녀의 강력한 비판이 결정적이었다.

마가렛 대처는 영국의 보수당 내에서도 우파에 속하는 인물로서 전형적인 보수 우익 정치인이었다. 그녀는 개인의 자유 확대, 경제에 대한 정부간섭 중지, 노조에 대한 법적 규제 강화 등의 정책으로 좌익들을 제압하고 고질적인 영국병을 치료했다.

대처는 1984년 아일랜드 분리주의자의 폭탄테러로 죽을 고비를 넘기기도 했지만, 수상직 3번 연임에 성공한 유능한 총리로 영국 역사에 남아 있다.

그렇다면 조용히 미소 짓고 있는 박근혜의 정치철학은 어떨까? 박근혜 또한 보수우파에 속하는 정치인으로 앞으로 좌익을 제압하고 한국병을 고칠 잔다르크가 될 것이라고 했다. 또한 선진 한국 건설을 목표로 한 박근혜의 콘텐츠는 다양성으로도 인정받을 수 있는데, 이를 종합해서 요약해 보면 다음과 같이 정리할 수 있다.

[표 21] 박근혜의 정치적 이념

구분	내용
애국주의 철학	애국애족, 부국강병 추구, 민족과 국가에 대한 헌신 중시 태극기, 애국가 중시
국정운영의 역량 중시 철학	유능하고 청렴한 관료, 당료, 단체장 육성
경쟁, 능률, 성장 추구로 빅파이 실현	자유시장경제의 이념 중시, 생산성 증대 추구
투철한 반공주의(반공우익)	친북 좌익 추방, 반미 친공세력 추방
투철한 국가관	안보국방 중시, 한미동맹 중시, 국가보안법 중시
정통보수(보수우익)의 역사관	대한민국의 건국과 역사에 대한 긍정, 정체성 확립 기타 반공지도자들에 대한 긍정적 평가, 좌파시각의 과거사법 반대
한강의 기적과 그 역사 중시	한강의 기적, 새마을운동을 높이 평가

[표 21] 박근혜의 정치적 이념 (계속)

구분	내용
자유체제 및 시장경제 신봉 (보수우파의 이념)	강성노조 추방, 귀족노조 추방, 좌파적 신문법, 좌파적 사학법 추방
실사구시(민생중시) 철학	국민들의 실생활 향상 추구, 중산층 및 서민생활 안정추구
청렴과 검소 중시 철학	부정부패 추방, 낭비 추방
전통가치 중시	충효 중시, 예절 겸손 중시, 봉사 중시
투명하고 당당한 대북교류 정책	무조건 퍼주기 반대, 북한과 비밀거래 척결, 승공통일 평화통일 정책
수도과밀화 해소 추구	행정부처 부분이전 찬성, 70년대에 계획한 과천청사 참고 90년대에 건립한 대전청사 참고
선진정당 건설	정당민주화 추진, 공천비리 추방, 국민과 당원 중심의 정당 건설
투명하고 깨끗한 정치	불법정치자금 추방, 보스정치 타파, 바른 정치
지역감정 추방	이념과 정책의 승부, 소외지역 배려
우파대연합 추진	이념이 비슷한 정당 간 통합 추진, 보수우파의 역량 강화
보수우파의 가치 중시	병역의무 중시, 참전용사 존경
경제 활력 강화	정부의 경제개입 축소, 감세정책, 일자리 확대, 작은 정부
과학기술 강조	이공계 육성, 과학기술 인재 육성, 경제발전의 신 분야 개척
신의 및 약속의 정치	대국민 약속 반드시 이행
글로벌 외교와 글로벌 정치	적극적 외교로 국익증대, 통상현안에 발 빠르게 대응
치산치수의 능력 확대	홍수, 물난리 대책 마련

왜
박근혜인가

3

박근혜의 정치 여정과 관련된 논쟁

박정희 전 대통령의 영향력과 애국주의

30대 이상에서 보이는 박근혜 지지도의 상당 부분은 '박정희의 딸'에서 기인하는 것으로, 다른 정치인들의 경우에는 정치 입문 전후의 활동과 최근 행적이 기대치의 근거가 되는 반면, 박근혜의 경우에는 20~30년을 거슬러 올라간다. 지역적으로는 영남에서, 성별과 연령대별로는 40~50대 여성층과 노년층에서의 지지도가 두드러지게 나타난다. 따라서, 선거에서도 정치마케팅 차원에서 '박근혜 브랜드'를 최대한 활용하고 있다.

박근혜는 개인사와 가정사 등, 사적인 사항과 관련해서 대단히 신중한 자세를 취한다. 일정한 선에서 통제하면서 정치력을 발휘하고 있는데, 예를 들면, "○○는 아버지가 각별하게 생각했던 곳이어서 감회가 새롭다"는 정도에 그친다던가, 선거유세 기간 중 박 전 대통령 생가 방문일정을 취소한다든가 하는 것이 대표적인 사례이다. 하지만, TV 유세 방송 연설 도중, 선친인 박정희 전 대통령과 관련된 내용이 나왔을 때, 감정을 억누르지 못해 눈물을 흘리면서 호소를 한 일과 관련해서는 박정희 향수를 자극하고 부추긴다는 공격을 받기도 했다. 그가 아무리 싸우지 않는 정치, 깨끗한 정치를 외치며 거리를 누벼도 정작 그를 보러 몰려든 사람들은 '박정희와 육영수의 딸'을 보러 나온 것이라는 비판도 나오고 있다.

박근혜는 어떤 자리에서든 "나라를 살려야 한다"는 말을 되풀이하고, "국가에 대한 책임"을 강조한다. 정치인으로서 자신의 비전도 "부국강병"으로 요약하고 있는데, 그의 인터넷 홈페이지 상단에 적힌 글귀 또한 "애국애족"이다. 현충일인 6월 6일 그의 홈피에 올린 일기에는 나라를 지키기 위해선 개인의 희생이 있어야 하고, 책임도 있어야 한다. 시대의 흐름이 아무리 신 개혁주의로 가더라도 바꿀 수 없는 게 있다면 그것은 나라를 지켜야 하고 사랑해야 한다는 기본 국가관이요, 철학이라고 했다. 박근혜의 메시지는 한마디로 '애국주의'인데 나라사랑에 대한 헌신과 솔선수범을 강조함으로써 집단적 열정을 불러일으키는 모습은 흡사 70년대의 박정희를 보는 듯하다. 정치사상의 역사에서 애국주의는 국민들을 효과적으로 동원하는 가장 쉬운 이념코드임이 검증된 바 있다. 이를테면 이탈리아 건국의 영웅인 가리발디가 '통일 이탈리아'의 깃발을 치켜들고 로마로 진군할 때 국민들을 열광시킨 것이나, 프랑스 나폴레옹의 영광도 모두 애국주의적 열정을 동원한 것이었다. 가깝게는 9.11 테러 직후 조지 부시 미국 대통령의 인기가 올라간 것도 애국주의가 자극된 탓이다.

이러한 박근혜의 애국주의는 박정희 대통령 시절 귀에 못이 박히도록 들어왔던 '조국근대화'와도 관련이 있다. 그 시절에는 '국민교육헌장', '국기에 대한 맹세' 나라를 위기에서 구한 이순신 등 '국난 극복의 영웅' 장려 등 애국주의를 고취할 상징 만들기가 시도되었었다. 박근혜는 당대표로 선출되는 전당대회에서 "저에게는 아직 배 12척이 남아 있습니다"라는 이순신의 말로 수락 연설로 함으로써, 아버지의 유산을 간접적인 화법으로 구사하면서 정치적 힘을 발휘했다.

박근혜는 대통령인 아버지의 정치적 유산을 적절히 자신의 것으로 받아들이고 신념화하여 '애국주의'라는 메시지로 침몰해가는 야당조직의 위기를 돌파해내려고 했다. 또한 정치인에게 없어서는 안될 대중적 인기는 '박정희와 육영수'의 이미지를 십분 활용하고, 그의 딸임을 간접적으로 비침으로서 선거라는 전쟁터에서 살아남을 수 있었다.

한국의 정치문화에 새로운 변화가능성 제시

39년 만에 여성 당 대표를 출현시킨 2004년 3월은 한국정치사의 또다른 전환점으로 기록되면서 한국의 정치문화에 새로운 변화가능성을 보여주었다. 사법고시와 행정고시에 여성들이 대거 합격하고, 3군 사관학교에도 여성들이 수석으로 들어가는 등 사회 각 분야에 여성들의 진출이 확대되었다. 하지만, 정치권에서는 전체 국회의원의

5.9%에 불과한 여성의원의 비율이 말해주듯 불균형 현상이 계속되고 있는데, 차츰 긍정적인 변화의 조짐이 나타나고 있다.

21세기는 힘보다는 지력(知力)이, 이성보다는 감성이 요구되는 시대이기 때문에 지력과 감성을 겸비한 여성들의 리더십이 요구되고 있고, 정치권 또한 화합과 포용하는 능력이 뛰어난 여성 정치인이 정치에 적합하다는 논리가 점점 설득력을 얻고 있다. 즉, 남성중심의 정치에 염증을 느낀 국민들이 상대적으로 비리에 물들지 않은 깨끗한 사람을 찾다보니 여성정치인을 선호하게 된 것이다.

완고한 정치판에서 여성대표가 나오고, 여성대변인 기용이 유행이 된 것도 남성 중심적인 한국 정치의 판도 변화를 예고하는 것으로, 박근혜의 등장은 박대통령의 유령 현상이 아니라, 한국정치의 현실에서 기인한 것이다. 이와 같은 현상은 뉴미디어 시대와 관련성이 크며, 시대적 요구에 부응하는 것이다.

박근혜가 여성 당 대표로 선출된 것은 정치, 사회적으로 남성중심의 정치문화에 대한 대안으로서의 반사작용인 '여성'에 주목한 것으로 보인다. 즉, 네트워크에 약한 여성이 사회에서 남성보다는 부패 고리에 덜 연루되었으리라는 기대와 '뉴미디어 시대'에 맞는 여성성의 이미지에 대한 호감도가 작용한 것이다. 즉, 박정희 전 대통령의 딸로서 퍼스트레이디 역할을 수행했던 것에서부터 그동안 박근혜가 보여준 행보를 통해 신뢰가 싹텄으며, 무엇인가 새로운 것을 기대하는 대중 심리가 기저로 작용했다.

2002년 박근혜를 둘러싼 여성계의 산발적이고 정제되지 않은 논쟁에서도 박정희 전 대통령의 맏딸이며 당시 한나라당 국회의원이던 박근혜가 우리나라 최초의 여성대통령 후보로 출마하게 될 지도 모른다는 이야기가 나오면서 여성계를 중심으로 이를 둘러싼 찬반 논쟁이 진행된 바 있다. 지지론의 근거는 대중적 지지를 이끌어낼 수 있는 유일한 여성 정치인으로, 여성의 정치 진출이 지지부진한 우리나라의 정치현실을 이유로 들었다. 그런 논리에서 '생물학적으로 여성'이라는 사실 때문에 정치적 입장이 서로 다른 여성들도 일단은 '무조건' 그녀를 지지해야 한다는 것이다.

박근혜의 정치적 리더십은 아직도 현재 진행형이다. 새누리당으로서는 최대의 위기였던 2012년 총선에서 적극적인 유세활동을 펼쳐서 당을 구한 적극성과 돌파력은 여성으로서의 이미지를 적극 활용한 정치활동으로 모두의 인정을 받았다. 그의 가부장적 리더십이 대중적 인기와 더불어 정치적으로 성공하고 있는 것은 자신감과 함께 강한 애국주의적 신념에 기인한 카리스마를 가지고 있기 때문이다. 게다가 박근혜의 개인적 특성과 매력이 시너지 효과를 주고 있음은 부인할 수 없다.

새누리당의 조직 환경과 대통령 후보로서의 새로운 역할

제1야당이었던 한나라당은 지난 2002년의 대통령 선거를 포함, 두 번의 대선에서 실패한 원인에 대해 진정한 자기반성을 통한 내부변화를 필요로 했다. 그것은 권위주의 정치의 가장 큰 폐해인 수동성을 탈피하는 것이었으며, 근대화와 압축 성장 과정에서 짊어진 갈등과 부조리를 스스로 청산해야만 했다.

한나라당의 대선 실패는 능동적으로 변화를 모색하지 못한 채 수동적으로만 움직여온 결과였다. 보수주의자들은 시대 변화에 따른 자기 성찰이 없었고, 개혁에 대한 구체적인 청사진과 비전을 제시하지 못했다.

대선 이후 불거진 한나라당의 차떼기 사건은 국민들에게 극도의 불신과 저항을 불러일으켰고, 한나라당의 도덕성 부재에 대한 국민들의 심판이 예고되었다. 2004년 4월 총선을 앞둔 야당은 심각한 위기에 빠졌으며, 이를 모면하기 위해 '개혁적 보수정당'으로 변신하기 위해 군사정권시대부터 정치를 해온 중진 다선 의원들의 잇단 불출마 선언으로 그 위기를 피해 보려고 했다. 하지만 군사정권 때의 대표적인 인물이 야당의 대표로 있는 한, 당의 변화에 대한 국민들의 기대를 이끌어낼 수 없었다. 결국, 젊은 소장파 그룹은 차기대권에 대한 비전을 가진 인물이 나와야 한다고 기자회견을 하기에 이른다. 그들은 관리형 대표로는 당 중심을 잡을 수 없다며 새로운 당 대표가 갖춰야할 기준으로 부패로부터 자유로워야 할 것과 탈권위주의적 리더십 및 '선진 국민정당'을 이끌어갈 미래지향적 리더십 등을 제시했다.

이러한 당 내부의 갈등과 위기에 대해 안일하게 상황 인식을 하던 지도부는 결국 내부의 갈등을 외부 요인으로 해결하려는 시도로, 대통령에 대한 탄핵을 주도하게 되었고, 이에 대한 국민들의 반감은 야당의 생존조차 어려울 것이라는 위기상황을 자초하게 되었다. 결국 한나라당은 '탄핵 역풍'에 대한 위기를 재창당에 버금가는 전당대회를 통해 새로운 이미지의 얼굴을 당 전면에 내세워 돌파해 보려고 했다. 이러한 시도로 개발시대에 대한 향수를 지니고 있는 노년층의 '박정희 신드롬'과 박근혜가 가지고 있는 여성성의 이미지를 통해 꾸준히 여성 대통령 후보로 인기순위에 오르며 대권을 향한 정치행보를 하던 박근혜를 선택하게 된 것이다.

최초의 여성 당 대표로서 박정희의 후광과 여성성이 지닌 장점을 최대한 살려 절대 절명의 위기를 돌파해 낸 박근혜를 단순한 '총선용 얼굴마담' 정도로 치부하려던 보수적인 남성들도 당 대표 박근혜의 권위를 인정하지 않을 수 없게 되었다.

하지만, 국회의원 선거 이후에 새롭게 구성된 한나라당은 과거에 대한 참회와 반성을 통한 자기변신과 개혁에 대한 분명한 비전, 구체적인 대안을 제시해야 한다는 과제를 안고 있었다. 박근혜는 이러한 과제 해결을 위해 노력했지만, 박근혜의 리더십에 확신을 가지고 있지 못하는 다수의 야당의원들은 끊임없이 박근혜의 리더십을 시험하고 평가하려 들었다.

시대적인 변화에 따라 야당의 새로운 조직 환경을 만들어 합리적 보수주의 정당으로 생존하려는 소장파를 중심으로 한 세력과 그에 저항하는 권위주의 시대의 정치 환경에 길들여진 보수주의자들의 가치관이 한 조직 내에서 갈등하고 투쟁하면서 당 대표의 리더십이 절대적으로 필요하게 되었다.

박근혜는 청렴, 탈 권위, 미래지향을 내세웠으며, 국회의원 선거가 치러진 이후에도 계속된 정체성 논란과 내부갈등을 수습하여 당 구심점으로서의 확고한 위치를 다져 나갔다. 또한 강한 추진력을 바탕으로 당내 계파 간의 갈등을 조정하고, 화합하게 만드는 조정능력 등도 함께 갖추어 나갔다.

박근혜는 당 내부의 조직 환경에서 박근혜에게 부여된 역할 상황과 그가 가지고 있는 리더십의 특성, 즉, 그의 아버지로부터 물려받은 카리스마적 리더십과 여성으로서의 장점을 최대한 활용해서 당 내·외적으로 혼란한 시기를 잘 헤쳐 나갈 수 있었다. 결과적으로, 시대변화에 조응하여 변화하지 않으면 살아남을 수 없는 절박한 상황과 과도기적으로 위기관리를 해야 하는 당 대표로서 당 조직 환경과 그의 개인적 특성이 매우 적합하게 맞아떨어진 것이다.

4

박근혜 리더십의
성공 요인과 실패 요인

절제된 언어구사력과 이성적 태도

박근혜는 우리나라를 통틀어 가장 강력한 카리스마를 지녔던 대통령의 딸이다. 이 사실은 경우에 따라서 아주 큰 약점이 된다. 종종 '독재자'로 묘사되는 대통령 아버지를 둔 박근혜의 처신은 조심스러울 수밖에 없다. 박근혜에게 있어 아버지와 어머니는 그 어떤 말로도 표현할 수 없을 정도로 뼈가 시린 상처이다. 심하게 아파본 사람은 상대의 고통을 감지하는 촉수를 지니게 된다. 아버지의 시대에 상처를 입은 사람을 보는 박근혜의 심정을 한번 생각해 보자. 박근혜의 국민에 대한 애정은 자식을 대하는 어머니의 심정과 같다. 자식이 상처를 입으면 그 상처가 덧나지 않게 치료해 주고 싶은 것이 어머니의 마음으로, 자신의 상처와 맞닿아 있는 국민의 비판을 그 어떤 말로 되돌릴 수 있겠는가.

박근혜의 침묵이 상처 입은 국민의 분노와 연관될 때 대중은 잠잠해야 한다. 가해자와 피해자가 따로 없는 상황 속에서 말은 또 다른 상처를 만들어낼 뿐이기 때문이다.

많은 사람들이 말수가 적은 박근혜를 두고 답답하다는 반응을 보인다. 실제로 박근혜는 말수가 적으며, 말을 할 때는 정제된, 그리고 또박또박 분명한 어조로 의견을 피력한다. 박근혜는 말을 제대로 하는 정치인이다. 퍼스트레이디 역할을 한 6년이라는 기간 동안, 정치인으로서 익혀야 할 국정운영에 대한 안목과 외교관계에서 보다 세련된 태도를 익혔다.

이것은 큰 장점이다. 일부 부정적인 시각을 가진 사람들은 콘텐츠가 없기 때문에 말을 많이 하지 않는다는 억지 주장을 펴지만, '다듬어진 정치인'이라는 인식이 대부분이며, 대중적 설득력을 갖기에 충분하다.

그동안 전투적 이미지를 지닌 야당 지도자에 익숙한 국민들에게 박근혜의 어법은 조금 낯설기도 하지만, 유리한 기제로 작용하고 있다. 송정숙은 글에서 "너그러운 모성의 말투로 논리나 수사학 같은 것은 구사할 줄 모르던 어머니와는 다르게 말을 아주 조리 있고 성찰 있게 잘하고, 계획된 연설에서도 경직되지 않고 설득력을 발휘하고, 즉흥 연설에서도 단서를 놓치는 법 없이 잘 해낸다"라고 하면서 이것도 아버지를 닮았다고 지적한다. "거짓으로 윤색하지 않고 진실하게 성심으로 이야기하는 것 같은 느낌"을 준다는 것이다.

이렇듯 또박또박 신중한 어조로 말을 하기 때문에 상대에게 신뢰와 믿음을 주고, 말을 적게 하다 보니 거의 실언(失言)을 하는 법이 없다. 또한 대중적이고 쉬운 용어로 핵심적인 내용을 전달하는 모습은 국민들의 신뢰를 한 몸에 받을 수밖에 없는 이유를 말해준다.

박근혜는 당 대표가 된 후 의원연찬회에서 초재선 의원들의 당 대표 리더십에 대한 강력한 문제제기와 함께 거의 인신공격에 가까운 비난에도 감정적 대응을 자제하면서 자신이 할 말은 모두 하는 모습을 보였다. 이러한 모습은 어떤 자리에서도 감정의 기복이 거의 나타나지 않고, 시종일관 차분한 자세와 단아한 인상으로 당내 장악력을 높여가는데 도움이 된다.

정치인들의 주특기인 비방하기나 네거티브 정치공세에도 맞대응하거나 비교하여 폄하하지 않고, 꼭 필요한 말만 적절히 가려 대응하는 그의 유연함에서 여성 정치 리더십의 긍정적인 측면을 보게 된다.

실제로 박근혜의 이러한 웅변능력은 지도자로서 타협하고 협상할 수 있는 능력인데, 긍정적인 정치인의 자질이라 하겠다.

구체성을 지닌 여성적 가치의 발현

박근혜는 총선이 끝난 직후 인천 남동공단을 비롯, 전국을 돌며 주요 공단과 시장, 시·도 당사를 찾는 현장방문에 들어가 민생과 직결된 곳을 살피는 민생투어를 시작했다. 총선기간에 쏟아놓은 공약의 실천을 위해서 필수적이라는 민생투어를 위해 총선 이후 전국의 주요 공단과 시장 등을 방문해서 민생을 살피고, 이를 입법과정에 적극 반영하겠다는 것이다.

박근혜는 민생투어를 할 때 손바닥만 한 수첩을 가지고 다니면서 면담하는 사람들의 이야기를 경청하고 기록한 뒤 수시로 들여다본다. 항상 현장에서 듣고, 그리고 끝까지 확인하는 것이 습관화되어 있다.

민생현장 간담회에서 상대방이 하는 주장이나 건의사항들은 대체로 실행하기 어려운 것들이 많다. 이에 대해 박근혜는 "실행할 수 없으면 그 이유라도 그분들에게 알려줘야 한다"고 주문한다.

또한, 지키지 못할 약속이나 공약은 처음부터 하지 말자는 구체성에 입각한 정치활동을 강조한다. 재래시장을 방문하면서 수행한 후보가 "약 1조 원 가량을 재래시장을 위한 예산으로 확보 하겠다"고 하자, 이를 제지하면서 "약속은 상인들의 피부에 가 닿도록 해야 한다"고 말했다. 이러한 예는 여성이 가지고 있는 세심함과 배려, 이상보다는 구체성을 중시하는 여성성이 실제 정치현장에서 발현된 것이다.

이 밖에도 2004년 9월 총선을 치르고 난 후, 야당 대표로 재선출되었을 때, 16인의 여성의원들과의 오찬에서 몇몇 여성의원들이 여성대표로서의 여성주의 리더십을 거론하며, 여성계와의 교류를 요구했다. 박근혜는 자신이 여성이라는 것은 변하지 않는 사실이며, 일부러 강조하여 드러내는 것이 아니라, 자연스럽게 모든 사안에 적용될 수 있도록 하는 것이 중요하다는 메시지를 전달했다. 박근혜는 돌발적인 행동을 하지 않으며, 늘 우아한 여성성을 한껏 드러내는 정장차림과 육영수 여사와 같은 헤어스타일을 유지하는 등, 여성으로서의 특성으로 여겨지는 부드러움, 호소력, 꼼꼼함을 적극적으로 활용한다.

박근혜는 보수주의를 신봉하고 있지만, 새누리당의 남성중심적인 보수와는 차별화된 보수주의를 내세우고 있다. 새누리당은 박근혜의 헌신적인 선거운동으로 기사회생했다. 박근혜는 자신을 '총선용 얼굴마담' 정도로 여기는 당내 반대 세력의 도전에 대해서는 단호하게 대처하고, 여성적 이미지를 최대한 활용하는 한편, 젊은 여성들을 대상으로 폭발적인 인기를 누렸던 싸이월드라는 인터넷 활동을 통해 교류의 장을 넓히고 있다.

이렇듯 언제든지 보수주의 정치세력으로부터 위협받을 수 있는 불안한 상황과 새누리당 내분 사태에서 보듯, 반대파들이 끊임없이 박근혜를 흔들면서도 쉽게 낙마시키지 못하는 것은 박사모를 비롯한 온-오프 상의 네트워크를 무시할 수 없기 때문이다. 즉, 젊은 세대들은 지금까지 한국정치를 지배했던 남성정치인들에게는 찾아 볼 수 없는 깨끗한 '명품 정치인'이라는 인식을 박근혜로부터 받고 있다.

박정희 정권을 경험하지 않고, 박근혜와 박정희를 연관시키지 않고, 그의 정치적 성향과 행보를 보고 그를 지지하게 된 젊은이들이 점차 늘어가고 있다.

지금까지 제 1 여당의 여성 당 대표로서 박근혜에게 요구된 역할 상황과 그의 개인적 특성, 대표로서의 역할 수행과 관련된 일들을 살펴보았다. 이제 박근혜 리더십의 특성을 검토하면서 그가 갖고 있는 권위의 원천이 무엇인지를 살펴 볼 필요가 있다. 따라서, 그의 리더십 평가를 통해 현재 여성정치인의 리더십으로 유효한 특성이 무엇인지, 박근혜 개인의 역할 상황과 개인적 특성에 따른 수행전략, 리더십 특성을 분석해 보자.

첫째, 아버지 박정희가 절대적으로 영향력을 미친 카리스마적 리더십으로, 이는 Weber가 말한 대로 지도자 개인의 능력이나 성격을 역사나 시대상황에 비추어 영웅화하고, 절대자로 치켜세우는 군부지배정권 하에서 나타나는 리더십이다. House는 카리스마를 "개인적 능력에 의해서 부하들에게 특별한 영향을 미칠 수 있는 리더"로 기술하면서, 카리스마적 리더의 특징적 행동으로 효과적인 역할 모범, 능력과 성공을 나타내는 인상을 형성하는 행동, 이념적 목표의 명확한 표현, 추종자들에게 그들에 대한 높은 기대감과 확신의 전달, 동기유발적 행동 등 5가지를 제시했다.

조직이 위기에 처했을 때 그것을 극복할 수 있는 하나의 수단으로 카리스마적 리더십이 등장하게 되는데, 보수여당으로서 존립조차 어려운 위기의 상황에서 박근혜는 자신만의 카리스마로 조직을 위기에서 구할 수 있었다. 그러나 박근혜의 카리스마는 아버지의 절대적인 영향력 하에서 생긴 것으로 보수적이고 위험성이 내재되어 있는 카리스마이기도 하다.

실제로 박근혜의 지도자상은 보수적이고 가부장적이다. "좀 극단적으로 말하면 한 지도자가 이끌고 있는 나라의 모습, 그 현주소는 바로 그 지도자의 마음을 펼쳐놓은 것일 뿐이다"라는 말과 일치하는 부분이 있다. 국가의 중요 대소사가 모두 아버지의 절대 권력을 통해 이루어지는 것을 보고 자란 박근혜에게 그것은 당연한 지도관일 것이다. 박근혜의 개인적 삶은 '국가와 민족'으로 점철되어 초등학교 때부터 '남부지방에 가뭄이 들어 걱정'이라거나, '미국문제가 고민'이라는 식의 아버지 말을 듣고 자라면서 나라를 생각하는 사고의 틀이 형성되었다고 한다.

김대중 전 대통령과 이회창 총재가 정치적 갈등으로 대립할 때, 박근혜는 "집안에서 부모님이 감정대립으로 싸우면 아이들이 불안해서 어디다 마음을 붙여야 될지 모르죠"라며 국민을 걱정했다. 그의 애국주의는 국민을 어머니의 입장에서 헌신적으로 부양하고, 훈육해야할 자식에 대한 맹목적인 사랑이다.

이러한 가부장적 사고는 자신의 신념과 확신을 집단의 과업에 동원시키려고 한다. 그러기 위해서 조직을 통제하고, 권위를 행사하려고 하며, 위계적 구조와 전제적 의사결정에 의존하게 된다. 박정희 전 대통령의 카리스마가 조직의 미래를 창조하는 긍정적인 측면이 있었음을 부인할 수 없지만, 절대 권력의 좋지 않은 결과를 낳았다.

'헌신'과 '솔선수범'을 강조한 애국주의 이념으로 박근혜는 당의 위기를 돌파했다. 하지만 군부독재 시절의 향수가 반영된 독선적인 카리스마가 발휘되고, 조직의 목표와 조직에 당 조직원들의 자발적인 의사가 반영되지 않는다면, 박정희의 전철을 밟게 될 가능성도 무시할 수 없다.

이 시대가 요구하는 리더십은 개인을 영웅화하여 절대적인 권력으로 치켜세우는 리더십이 아니라, 통제를 최소화하고 협의를 통해 높은 수준의 결과물을 추구할 수 있는 리더십이 필요하기 때문이다.

둘째, 갈등보다 포용하는 화합지향의 리더십으로, 과격하게 싸우는 남성적인 정치가 아니라, 화합을 지향하는 박근혜의 리더십은 2004년 총선이 끝나고 새로운 대표를 뽑기 위해 대표직 퇴임을 위한 기자간담회에서의 발언에서도 잘 나타난다. "당리당략을 위한 정쟁은 절대 안 된다. 상대를 꺾기 위해 싸우기보다 정책대결을 해야 한다"고 했으며, 이에 따라 신 행정수도 문제를 국민투표에 부치자는 소속의원들의 서명에도 불구하고, '국회특별법 졸속 심의에 대한 사과', '국회 행정수도 특위를 통한 타당성 검토'라는 해법을 제시했다. 하지만, 이 같은 해결책은 정책의 타당성을 검토하기보다 무조건 싸움부터 걸고, 여야 간의 대결로 선명성을 선점하는 것이 정치력인 양 여겨왔던 의원들로부터 '지지부진한 리더십'이 아니냐는 강한 불만을 낳기도 했다.

그러나, 갈등과 정쟁보다는 타협을 위한 대화와 설득을 통해 문제를 해결하려는 그의 노력은 평상시 언행에서도 나타난다. 같은 당 소속 의원은 "박 대표는 상대방의 말에 귀를 기울여 열심히 듣는다. 그리고 상대방의 발언취지를 요약하면서 '이런 뜻으로 이해해도 되는 건가요?'라고 되물어준다."면서 "갈등보다는 화합지향형인, 그리고 여성성을 많이 지닌 사람"이라고 말한다. 또한, 줄곧 새누리당을 출입하면서 취재를 하던 기자들은 "박근혜가 다른 사람을 비교하여 폄하하거나 비난하는 것을 보지 못했다. 항상 자신의 생각과 자신의 입장만을 조곤조곤 말할 뿐이다"라고 입을 모은다. 이는 언쟁보다는 상대방을 존중하려는 대화기법으로 박근혜의 화합지향성을 보여준다.

특히 우리나라 정치문화에 팽배해 있는 힘의 논리에 의한 강자중심, 권력 지향성, 권위에 대한 복종, 폭력성, 정복의 논리로 경쟁만이 살 길이라고 생각하는 풍토에서, 보수야당의 대표로서 정쟁보다는 화합으로 정치력을 발휘하려는 노력은 여성이기에 가능한 긍정적인 리더십으로 보인다.

셋째, 여성성을 활용한 여성주의 리더십으로, 박근혜는 여성으로서의 특성(부드러움, 수동적, 조신함, 다소곳함, 섬세함, 꼼꼼함)을 적극적으로 활용해서 보수적이고 남성 중심적인 정치문화에서 대중적인 인기를 얻었다. 하지만, 박근혜가 여성성이 지닌 장점을 최대한 활용해서 새로운 정치문화로의 변화를 시도하고 있지만, 이미지와 감성에만 치우쳐 내용이 부족한 것 아니냐는 지적을 받기도 한다. 구체적인 정책분야에 대한 그의 입장에 대해서는 크게 알려진 바도 없거니와 그의 발언에는 원칙론만 있지 각론으로 들어가면 내용부족이라고 지적하는 사람들은 사실, 중요한 일을 쉽게 드러내지 않는 박근혜의 신중함을 탓하고 있는 것이다.

박근혜의 인터뷰나 발언을 분석해 보면, 박근혜가 여성과 관련된 사안에 있어서 여성의 처우와 개선에 대해 많은 관심을 보이고 있다는 것을 알 수 있다.

실제로 박근혜는 보수층이 주요 기반인 보수야당에서 여성계의 호주제 폐지 요구에 대해 자신의 소신을 가지고 발의 안에 찬성 서명을 했다. 이로 인해 원색적인 비난을 받기도 했는데, 박근혜는 여성성의 본질을 자식을 키우는 모성애로 본다. 총선을 치르기 위한 캐치프레이즈도 '국민이 어머니입니다'라고 해서 모성 정치를 강조했으며, 아이를 굶기지 않기 위해 헌신하는 어머니의 마음으로 생활 정치, 살림의 정치를 하겠다고 했다. 정치의 영역에서 여성성은 부드럽고 섬세한 강점을 가지고 있고, 여성이 의회에 많이 진출한 나라일수록 깨끗한 정치를 하고 있으며, 민주화되어 있다.

또한 현장방문 활동 시 수첩에 일일이 적고 진행결과를 확인한다거나, 약속은 사람들의 피부에 와 닿을 수 있도록 해야 한다든가 하는 그의 정치 철학들은 세심함과 배려, 이상보다는 구체성을 중시하는 여성성이 반영된 정치활동이다.

넷째, 신뢰의 리더십으로, 신뢰는 사회적 자본의 핵심이다. 신뢰는 사람들 간의 협력에 있어서 없어서는 안 될 중요한 요소이며, 리더십은 자발적인 협력을 이끌어 내는 것이 핵심임을 박근혜는 정확하게 파악하고 있다. 이와 같은 태도는 그에게 비우호적이었던 동료 의원이나 언론인으로부터도 신뢰를 가질 수 있는 인물이라는 것을 인정하게 했다.

박근혜가 신뢰의 리더십을 중요하게 여긴다는 것은 앞에서 살펴본 개인적 특성에서도 종종 나타난다. 총선 이후 공약을 지키기 위해서 민생 투어 현장에서 민원사항을 수첩에 꼼꼼하게 기록해서 진행되고 있는 결과까지 챙기는 모습이라든지, 지키기 어려운 약속은 함부로 하지 않는다는 박근혜의 원칙론은, 오랜 세월 한국의 외교 분야에서 일익을 담당하고, 책임자의 위치에서 오류를 범하지 않기 위해 신중한 태도를 지니는 것이 자연스럽게 몸에 뱄기 때문이다. 그의 정제된 언어구사에서도 나타나듯 박근혜는 국민 모두에게 신뢰감을 주기 위해 부단히 노력하고 있다.

또한, 여당으로부터의 공격과 비판에 대해서도 직접적인 대응으로 언쟁을 하기보다는 '상생의 정치'라는 캐치프레이즈로 피해가면서 냉담했던 정치권에 대한 국민의 불신을 해소시키고 있다.

박근혜의 카리스마적 통치 리더십

박근혜가 한나라당 대표가 되었을 당시, 박근혜의 정치생명을 아끼는 사람들은 '정치공학적으로 볼 때 지금은 때가 아니다'라고 조언을 했다. 대중적인 인기를 누리고 있는 박근혜가 한나라당이 무너져가는 상황에서 대표직을 맡는 것이 어떤 득이 있겠느냐는 계산에서 나온 말이다. 하지만 박근혜는 대표직을 수락했다.

박근혜는 한나라당이 최악의 상황일 때, 한나라당 전당대회에 참여했고, 한나라당 대표로 선출됐다. 박근혜는 지금 한나라당 대표를 맡으면 정치적으로 유리하냐, 불리하냐는 차원의 계산을 하지 않았다. 지금 한나라당 대표직을 맡는 것이 대한민국의 국가 정체성을 지키고, 결국 대한민국이 선진화를 이루어 가는데 필요한 일이냐, 아니냐'는 차원의 성찰만 했을 뿐이다. 애국우파의 정치이념을 수렴하고 있는 한나라당이 붕괴해가는 상황이므로, 당연히 필요한 일이었다.

'박근혜는 한 게 없다'고 하는데, 박근혜는 한나라당 대표를 맡은 후 각종 선거에서 두 번 다시 보기 어려운 신화를 창조했다. 2004년 4.15 총선에서 열린우리당이 250석까지 차지할 것이라는 예상이 지배적이었는데, 대표직을 맡은 박근혜는 국민들에게 '개헌저지선'을 지킬 수 있도록 도와달라고 호소했고, 결국 121석으로 선전했다. 그 이후에도 거듭되는 압승이 있었다. 그렇다면, 박근혜 리더십의 특징이 무엇이기에 국민의 신뢰를 얻을 수 있었으며, 마의 지지율이라는 40%대를 돌파하고, 50%대의 지지를 이끌어 냈을까? 이는 박근혜만이 지닌 다음과 같은 리더십이 있었기에 가능한 일이었다.

민주적 리더십

지난 50여 년 간 모든 운동권 세력의 대의명분은 '민주화'였다. 그들이 외친 민주화의 의미는 도대체 무엇일까? 정작 그 세력의 지도자는 독선과 아집, 그리고 부패와 깊이 결탁되어 있지 않았던가. 그들은 자신을 따르는 정치세력의 제왕이었다. 밖으로는 민주화를 외치고 있었지만, 안으로는 엄청난 독재가 자행되고 있었다. 특히, '민주화, 진보' 세력을 자처하면서도 금세기 최악의 세습독재체제를 구축한 김일성을 찬양하는 무리들의 위선과 이중성은 도를 지나치고 있다.

박근혜도 한나라당의 비주류였을 때 '민주화'를 외쳤다. 제왕적 총재의 권한을 분산시켜야 한다고 주장했다. 그것이 받아들여지지 않자, 탈당을 감행했고, 한나라당의 강력한 요청으로 다시 복귀했다. 박근혜는 한나라당 대표가 되었으며, 계보를 만들어야 한다는 측근들의 끊임없이 제언을 일언지하에 거절했다. 박근혜의 진정성과 진면목이 드러나는 순간이었다. 박근혜는 힘이 없을 때 민주화를 외쳤고, 힘이 생겼을 때 내부에서 민주화를 구현해나가는 방식을 택한 것이다. 대한민국 정당사에 처음 있는 일이었다.

박근혜는 대표의 힘을 남용하거나 권위적으로 군림하지 않았고, 권한을 위임했으며, 홍준표 의원이 이를 주도했다. 홍준표 의원과 당의 국회의원들이 만든 혁신안의 여러 조항은 박근혜 대표의 기득권을 깎아내리는 것이었다. 하지만 박근혜 대표는 수개월 동안 당원들이 공청회를 거치며 민주적으로 합의한 원칙이기에 흔쾌히 수용했다. 민주화와 민주주의는 외부의 물리적 압력으로 인해 이루어지기보다 내부의 개혁으로부터 출발할 때 그 가치가 더욱 빛나는 것이다. 바로 이러한 요소들이 박근혜의 지지율을 높인 것이다.

도덕적 정기를 세워가는 리더십

한나라당이 가장 어려울 때 당원들의 요청에 의해, 그리고 한나라당 전당대회라는 공식 절차에 의해 당 대표가 되었지만, 끊임없이 대표 박근혜를 공격하는 세력들이 있었다. 이른 바 소장파다. 그들은 도덕과 개혁을 외쳤다. 열린우리당의 2중대 철학을 지녀야 한다는 내용의 주장도 있었다. 노무현 정권이 훼손하고 있는 국가정체성을 지켜내야 한다는 의지를 표명하고 있었지만, "이념병에 걸렸다!"는 공격도 있었다. 박근혜가 한나라당 대선 후보가 되면 "100전 200패한다"는 소리도 들려왔다.

다른 정치인 같았다면, 노무현 대통령처럼 '재신임'을 선언했을 것이다. 재신임을 받은 후, 반대세력을 제거하려 했을 것이다. 하지만 박근혜는 반대 세력의 억지 주장을 대부분 용납했다. 이 부분은 민주적인 리더십에도 해당되지만 도덕적 정기를 세워가는 리더십에도 해당된다. 웬만한 주장은 허용하고 수용함으로써 한 정당이 서서히 통합되어 발전해 가기를 바라기 때문이다. 수준 높은 포용성이다.

도덕적 외침은 수용하고 전적으로 적용했다. 천막당사에서 시작해서 천안연수원을 팔아 차떼기 부분을 갚아나갔다. 불법적인 물의를 일으키는 의원은 측근이라도 출당시켰다. 박근혜가 대표직에서 물러난 후, 한나라당은 다시 혼란스러워지기 시작했다. 돈 공천 잡음이 있었고, 도덕성에 대한 외침이 잦아들었다. 박근혜가 공동유세를 해주지 않아서 졌다는 핑계와 함께 도덕적인 자기성찰의 목소리가 줄어들었는데, 이는 도덕적 정기가 다시 흐려지고 있다는 의미였다. 박근혜가 대표직을 맡고 있을 때는 한나라당 내부의 도덕적 외침은 매우 강했다. 결국 도덕성을 갖춘 리더 한 사람이 있고 없고의 차이가 무척 크다는 것을 알 수 있으며, 박근혜의 도덕적 리더십이 한나라당의 도덕성을 지키는 길임을 알게 한다.

선공후사(先公後私)의 리더십

선공후사의 리더십은 '민주적인 리더십'과 '도덕적 정기를 세워가는 리더십'과 중복되는 부분이 많지만, 박근혜의 경우에는 '선공후사'가 특별하기에 별도로 언급할 필요가 있다.

먼저, 동아일보(2006. 2. 4) 전진우 칼럼을 보면, "박근혜 한나라당 대표를 가까이서 지켜본 사람들은 그가 '남다른 애국심'을 갖고 있는 것은 분명한 것 같다고 말한다. '가까이서 지켜본 사람'은 참모나 측근 의원만은 아니다. 비교적 객관적 시각을 가졌다고 볼 수 있는 기자들도 그런 이야기를 한다. 따라서 '박근혜의 애국심'을 입에 발린 소리쯤으로 폄훼할 이유는 없다."

박근혜 대표는 테러를 당해 죽을 뻔한 경험이 있다. 흔히 큰 사고를 당하면 '외상 후 스트레스 증후군'을 겪게 된다. 박근혜는 테러를 당했을 때 테러로 숨진 부모님을 떠올렸다고 한다. 그때 박근혜는 동생인 박지만씨가 낳은 아이가 보고 싶다는 생각을 했다고 한다. 잠시나마, 인간적으로 약해졌던 것이고, 어린 생명을 통해 위로를 받고 싶었던 것이다. 테러와 관련된 트라우마가 작용할 법도 하지만, 박근혜는 강골이었다. 치료 직후 정확한 발음이 어려웠음에도 다시 선거 유세에 돌입함으로써 당 대표로서의 직무를 수행했다.

그것은 어찌 보면, 정치적인 야심으로밖에 볼 수 없는 이해할 수 없는 행보였다. 하지만, 정치적 야심이 그토록 대단하다면 왜 당 대표로 있을 때 온갖 정치공학적 기법을 구사하며 계보를 챙기지 않았을까? 우연한 교통사고를 정치적으로 적극 활용한 사람과는 달리 측근 참모들에게 왜 "오버하지 말라"고 했을까? 정치적 야심이 아니라는 얘기다. 그저 당 대표로서, 자신이 할 수 있는 최선을 다한 것뿐이다. 박근혜는 여전히 군중 속을 거닐고 있다. 박근혜가 죽을 뻔한 테러에서 '외상 후 스트레스 증후군'에 휩쓸리지 않았던 이유는, 죽을 뻔한 테러보다 거대한 '애국심과 사명'이 있었기 때문이다.

이상 박근혜의 리더십과 관련된 주요한 특징 몇 가지를 구분해 보면 다음과 같다.

[표 22] 박근혜의 핵심 성공 리더십

리더십 요소	주요 내용
신뢰의 리더십	박근혜를 떠올리면 먼저 떠오르는 단어가 바로 신뢰이다. 유년시절 아버지의 최측근 배신은 그녀로 하여금 신의와 신뢰의 가치가 무엇보다도 중요한 리더십 덕목이라는 것을 알게 했다. 이 신뢰가 필연적인 가치로 작용, 박근혜의 신뢰 리더십으로 구현되었다.
명분의 리더십	박근혜는 실리보다는 명분을 중요시한다. 아무리 실리가 우선되는 정치적 사안이 있더라도 명분이 부족한 가치는 과감하게 버리고 명분을 쫓는다. 세종시 원안 추진 번복과 관련해서 신뢰 추락과 함께 이를 뒤집을만한 명분이 없음을 판단하고 수정안이 아무리 더 많은 가치를 안고 있다고 하더라도 명분을 쫓아 행동한 박근혜는 어쩌면 지나치다는 생각이 들 정도로 명분을 중요시한다.
타협의 리더십	명분이나 신의를 주요한 가치로 삼고 있는 박근혜의 특징으로 본다면, 정치적 탄력성이나 유연성, 그리고 타협이 어려울 것 같다는 인상을 주기도 하지만, 상대를 배려하고 긍정적인 자세로 매사에 임하는 박근혜의 태도는 정치적으로 큰 유연성을 갖추고 있다. 본인이 생각할 때 옳은 것이 아니라, 모두의 입장에서 옳은 것이라면 언제든지 타협할 수 있다는 것이 박근혜의 타협 리더십이다.
여성 리더십	박근혜는 여성이다. 여성 정치인만이 지닐 수 있는 특성은 정치적으로 매우 유리한 측면이 있다. 구체적인 분석과 치밀한 계산, 세심하면서도 깔끔한 마무리를 원하는 박근혜 여성리더십의 특성은 도덕성과 함께 모든 것을 포용할 수 있는 모성적 리더십이다.
카리스마적 리더십	박정희를 기억하는 사람들은 박근혜의 모습에서 국가의 가난을 물리친 박정희 대통령을 떠올린다. 박정희 대통령의 강력한 카리스마에 비해 박근혜의 카리스마적 리더십은 보다 더 합리적이다. 소신은 밝혀 밀고 나가지만, 검증과정을 거치며, 국가의 이익과 개인의 이익이 대치되는 상황이 오면 결단코 국가의 이익을 선택한다. 국가의 이익에 위배되는 행동을 하는 사람과는 결코 타협하지 않는다. 박근혜의 카리스마는 국가와 국민의 이익과 관련되었을 때 보다 더 강력해진다.

5

박근혜의 정치경제 해법은 무엇인가

'박근혜 후보에게 콘텐츠가 없다'고 비난하는 이들이 있다. 콘텐츠란 무엇인가? 지금 대선주자로 거론되는 모든 정치인 중에 콘텐츠가 풍부한 사람이 있는가? 노무현 대통령은 콘텐츠가 풍부했던가? 박근혜의 콘텐츠 논란과 관련해서는 비교 대상이 없다. 분명한 것은 박근혜야말로 가장 확실한, 최상의 콘텐츠를 보유하고 있다는 것이다. '민주적인 리더십, 도덕적 정기를 세워가는 리더십, 선공후사의 리더십'이 바로 박근혜의 콘텐츠다. 박근혜는 바로 그 세 가지 원칙에 의해 국정 전반을 살필 것이다.

대통령의 자리는 하나의 분야에 국한된 전문가가 앉는 자리가 아니다. 가장 합리적으로, 모든 국민을 위해 최상의 선택을 하는 지휘자의 자리이다. 나라의 경제를 위해서는 경제전문가 중에서 '민주적인 리더십, 도덕적 정기를 세워가는 리더십, 선공후사의 리더십'에 가장 부합되는 인물들을 발탁해서 일하게 하고, 외교, 교육, 국방 분야에서도 마찬가지로, 가장 적합한 인물을 등용해서 적재적소에 배치하면 된다. 지금까지 대통령들의 인사가 계속적으로 문제가 된 것은 지휘자의 눈으로 인물을 선택한 것이 아니라, 자신에게 도움이 되는 사람을 선택했기 때문이다. 박근혜는 합리적인 시각을 지닌 인물이다. 전임 대통령들의 문제를 그 누구보다도 제대로 파악하고 있으며, 같은 오류를 범할 정도로 자신의 이익을 추구하지 않는다.

이러한 원칙론이 바로 서고, 적극적이고 투철하게 원칙을 구현해 나간다면, 국정 모든 분야에서 창의적이고 생산적인 활력이 극대화 될 것이다. 결국 대한민국은 선진화를 향해 유연하고 도도하게 발전되어 갈 것이며, 국민들의 행복지수가 높아질 것이다. 그런 이유로, 경제 살리기 대안으로 근혜 노믹스와 근혜리즘이 부상하고 있다.

총선 결과로 분석해보는 여론의 동향

총선은 국민들의 생각을 알 수 있는 가장 공식적인 채널이다. 총선에서 새누리당이 152석이라는 과반의석을 확보하면서 박근혜 새누리당 비상대책위원장의 대세론은 더욱 탄탄해졌다. 총선 전 당 문패를 바꿀 때만 해도 '새누리당이 뭐냐', '누더기당'이냐는 비판이 쏟아져 나왔지만, 선거 결과가 발표되자, 당 내부에서도 기적 같은 결과로 받아들이며, 박근혜의 공로를 인정했다. 하지만 야권에 엄청난 패배를 안겨준 새누리당의 총선 압승이 대선에 긍정적인 영향을 줄 것

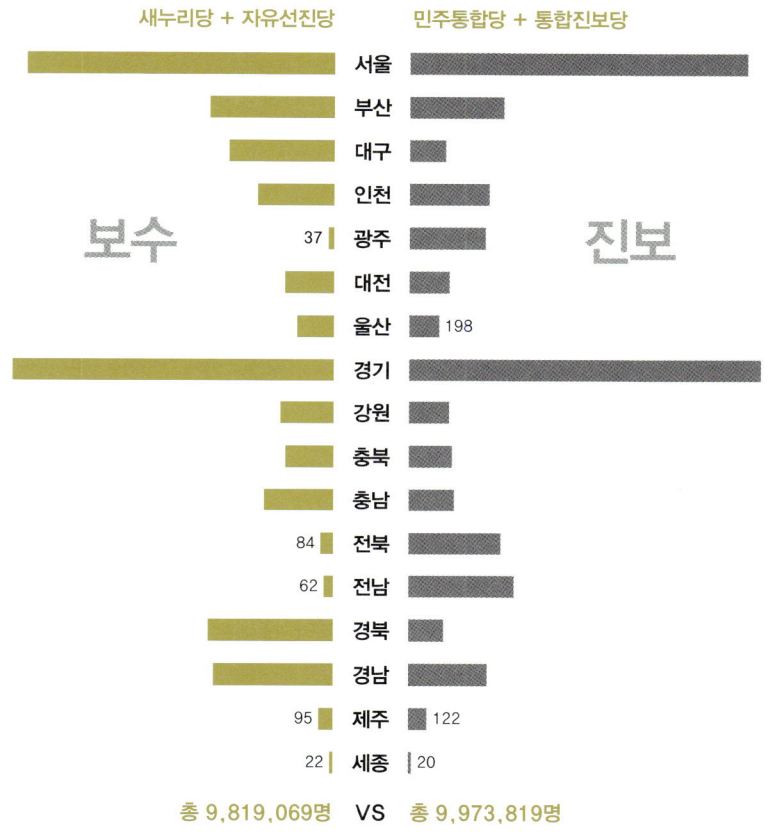

[그림 13] 보수 VS 진보 득표수(단위: 천 명)

자료: 헤럴드경제 2012.4.13.

인가는 확실치 않다.

총선 직후 여론조사 결과만 보면 대선주자로서 박 위원장의 입지는 더욱 공고해졌다. 2012년 4월 11일 한국갤럽의 차기 대선 설문 결과(오차범위 ±3.5%) 박 위원장 45.1%, 안철수 서울대 융합과학기술

대학원장 35.9%로 박 위원장이 9.2% 포인트 앞서고 있는 것으로 조사됐다. 총선 전 여론조사에서 안 원장이 줄곧 앞서왔던 것과 비교하면 총선을 기점으로 해서 박 위원장의 지지율은 급상승했다.

박근혜 대세론은 과연 성공할까 아니면 10년 전의 비극을 반복할까?라는 물음에 대해 친박 진영은 10년 전과 다르다는 점을 강조하며, 대세론의 승리를 조심스럽게 점친다. 상당수의 전문가도 여기에 공감한다. 무엇보다 지지 기반에 차이가 있다. 단적으로 이회창 대세론이 무너지기 직전인 2002년 10월 한국갤럽 여론조사에서 이 전 총재는 33.4%의 지지율을 얻었다. 그러나 영남에서만 50% 이상을 기록했을 뿐 나머지 지역에서는 지지율이 20%대에 머물 만큼 취약했다.

반면, 지난 2012년 5월 한길리서치 여론조사에서 박 전 위원장이 41.8%를 얻었을 때 영남 이외에 충청, 강원, 제주의 지지율은 50%를 넘었다. 수도권에서도 40%에 육박해 지지기반이 전국적임을 보여줬다.

지난 2012년 5월 케이엠조사연구소의 여론조사에서 박 전 위원장 지지자 가운데 49.4%는 정치 상황이 변해도 지지를 바꾸지 않겠다고 말했다. 안철수 서울대 교수나 문재인 민주통합당 상임고문의 경우 지지를 유지한다는 답변이 10~20% 수준인 것에 비하면 지지층이 견고한 것이다. 이는 이회창 대세론에 비해 박근혜 대세론은 훨씬 견고하며, 그 뿌리가 단단하다. 이회창 전 총재의 대세론 성격과 비교해 본다면, 이회창 전 총재가 대쪽 판사라는 이미지와 함께 김대중 정권에 대한 실망이 겹쳐 대세론을 이뤘다면 박 전 위원장의 대세론은 두 번이나 당을 살려낸 정치적 저력과 정직, 신뢰를 바탕으로 한 박근혜의 정치적 행보로 인한 것이기 때문이다.

대선 주자들의 선택

안철수는 대선을 앞둔 현 시점에서 '안철수의 생각'이라는 책을 펴내면서 그야말로 세간의 이목을 집중시키고 있다. SBS 예능 프로그램에도 출연해서 자신의 생각을 밝혔는데, 대선 출마 가능성을 여전히 열어 두고 있다고 한다. 서울대 융합과학기술대학원장의 대선 출마를 가정할 때, 여야에 소속되지 않은 제3의 지대를 구축해 독자적으로 출마하는 방식도 거론되고 있다.

한국 정치사에서 주요 대선마다 제3의 후보는 있어 왔다. 그러나 대부분 등장은 화려했지만 퇴장은 쓸쓸했다. 레이스를 끝까지 완주하지 못한 경우가 적지 않았고, 본선 성적표도 초라했다.

이명박 대통령이 당선됐던 2007년 대선 당시, 정동영 대통합민주신당 후보 말고도 문국현 후보가 있었다. 문 후보는 유한킴벌리 대표 출신으로, 깔끔한 기업 이미지를 자산으로 대권경쟁에 뛰어들었다. 대통합민주신당은 마지막까지 후보 단일화 가능성을 열어두고 노력했지만, 단일화 방식을 둘러싼 이견을 끝내 좁히지 못했다. 8월에 대선 출마를 선언한 문 후보는 두 달 후 창조한국당을 창당하며 독자 출마했다. 문 후보는 완주했지만 불법 증여 논란 등을 넘어서지 못하고, 5.8% 득표에 머물렀다. 독자 정치세력화까지 이뤘지만 양자구도가 굳어지면서, 의미 있는 제3의 후보도 되지 못한 것이다.

같은 시기, 고건 전 총리는 급부상했다가 신기루처럼 사라졌다. 고 전 총리는 한때 지지율 30%를 웃도는 인기를 구가했다. 특히 '반노(反盧)·비(非)한나라' 성향의 유권자들의 표를 결집시키기에 좋은 후보로 인식됐다. 하지만 정치 현안에 대한 입장을 드러내는 것에 부담을 느꼈고, 지지율이 떨어지자, 도망치듯 불출마를 선언했다. 결국 2007년 대선에서 민주당은 경쟁력 있는 제3의 후보를 영입하지도 못하고, 제3의 후보와 연대하지도 못한 채 한나라당에 참패를 당했다.

2002년 16대 대선 때는 정몽준 당시 무소속 의원이 한일 월드컵 열풍을 타고 제3의 후보로 등장했다. '국민통합21'이라는 독자 정당을 만드는 등, 대선 행보를 이어가다가 선거 막판 노무현 후보와 단일화를 시도했다가 단일화 파기 선언을 하는 등 우여곡절을 겪었지만, 결국 본선에는 나서지 못했다. 1992년 대선은 고(故) 정주영 전 현대건설 회장이 국민당 후보로 출마, 16%의 득표율을 올렸지만, 낙선했다. 박찬종 후보는 '버버리 바람'을 일으키며 92년과 97년 대선에 잇따라 출마했지만, 고배를 마셨는데, 기세 좋게 출발했지만, 세(勢)를 규합하지 못하면서 6%의 지지를 이끌어내는 데 그쳤다.

제3의 후보들이 모두 쓴맛을 본 것만은 아니다. 지난 2011년 10월, 서울시장 보궐선거에서 박원순 시민 후보는 박영선 민주당 후보와 단일화 경쟁에서 승리하면서 시장직을 거머쥐었다. 하지만 아직까지 대선에서는 주요 정당 소속이 아닌 제3의 후보가 당선된 예는 없다.

그렇다면, 안철수의 경우는 어떨까? 안 원장의 선택은 복잡해 보이지만 길은 네 갈래 뿐이다. 불출마를 하거나, 정치 세력을 결집한 후에 후보를 단일화하거나, 독자 완주 하거나, 아니면 기존 정당에 입당하는 방법을 택하거나인데, 한국 정치사는 그 어떤 선택도 만만치 않을 것임을 예고하고 있다

경제 민주화와 국민의 행복

2012년 7월 10일, 대선 출마를 공식 선언한 박근혜 새누리당 대선 경선 후보의 화두는 '변화와 희망, 그리고 미래'다. 우리 경제와 정치, 사회의 변화를 통해 국민이 희망을 가질 수 있는 밝은 미래의 대한민국을 만들겠다는 포부를 밝힌 것이다.

대권을 향해 공식적인 첫 발을 내디딘 박 후보의 시작점은 '변화'다. "국정운영의 패러다임을 국가에서 국민으로, 개인의 삶과 행복 중심으로 확 바꿔야 한다"는 것이 요지이다.

또한 박 후보는 '경제 민주화'를 주창했는데, 본인이 5년 전 약속했던 줄푸세, 즉 세금과 정부 규모를 줄이고, 불필요한 규제를 풀고, 법질서를 세우자며, 시장경제 기본 원칙을 강조했던 것에서 이제는 시대 변화에 맞춰 '공생'으로 무게 중심을 옮기자고 한다. 박 후보는 "그동안 공정성의 중요성을 간과했고, 그 결과 경제주체 간 격차가 확대되고 불균형이 심화되어 왔다"는 일종의 자기반성 뒤에, "공정하고 투명한 시장경제질서를 확립해 경제민주화를 실현하는 일은 시대적 과제"라고 강조한다.

정치권에서는 이 같은 박 후보의 구상은 지난 2011년 무상급식

논란부터 복지를 강조한 총선 공약, 그리고 선대위원장의 캠프 합류까지 예고됐던 '순차적인 변화'로 해석하고 있다. 즉, 약자를 위한 배려를 넘어 정부와 정치권의 적극적인 정책을 통해 그동안 우리 사회를 지배해왔던 약육강식의 질서를 끝내고 모두가 상생하는 사회를 만들겠다는 의지이다.

"정당한 기업 활동은 최대한 보장하지만, 기업이 사회적 책임을 다할 수 있도록 하는 데는 과감하고 단호하게 개입하는 정부를 만들겠다"는 박 후보의 선언문 속에서 서민경제를 염두에 둔 그의 확고한 의지를 느낄 수 있다.

박근혜식 복지로 새로운 '희망'을

'경제민주화'가 박 후보의 변화를 보여주는 것이라면, 고용과 복지, 이 두 축은 '희망'을 말한다. 국가 경제 운용의 핵심을 고용률에 두고, 국력을 쏟겠다는 각오다. 또한 소득에 따른 선별적 복지와 세대를 아우르는 보편적 복지를 혼용한 '박근혜표 복지'를 통해 모든 사람이 희망을 가질 수 있는 사회를 완성하겠다고 한다.

고용률 중심 경제는 문화와 소프트웨어 같은 미래 산업과 내수 중소기업의 육성, 그리고 미래 성장 동력에 대한 투자로 뒷받침한다. 박 후보는 "전통 제조업의 고부가가치화와 서비스산업의 경쟁력 제고를 통해 좋은 일자리를 지속적으로 창출하겠다"며, "문화·소프트웨어·벤처 활성화로 청년일자리 문제를, 내수 중소기업 육성으로 일자리를, 과학기술 지원으로 혁신기업을 만들겠다"고 강조했다.

박 후보는 또한 "우리의 실정에 맞으면서 국민에게 실질적인 도움을 주는 생애주기별 맞춤형 복지제도"를 언급했다. 최근 새누리당이 강력하게 추진하고 있는 대학 등록금 인하, 0세부터 5세까지의 무상보육, 그리고 청년 실업대책 등이 이에 속한다.

이와 관련, 박 후보가 지난 2011년 강조했던 '촘촘한 정부 복지망 재구축'도 주목받고 있다. 제도상으로는 이미 마련됐지만, 법과 법 사이, 집행부처의 차이 등으로 생긴 사각지대를 최소화하자는 뜻이다. 박 후보의 복지와 희망이 재정투입 확대라는 단순 공식을 넘어 행정망 재점검이라는 복잡한 계산까지 깔고 있음을 보여주는 대목이다.

투명과 신뢰의 '미래' 설계

박 후보는 투명과 신뢰를 언급했다. "국민 행복의 꿈을 이뤄내기 위해서는 먼저 투명하고 깨끗한 정부, 신뢰받는 정부가 필요하다"는 게 그가 대통령이 되겠다는 이유다.

정치권에서는 이 같은 박근혜의 미래 구상이 2040의 젊은 층 공략과 밀접한 관련이 있다고 분석한다. 그의 최대 약점이자, 대선의 확실한 승리를 위해서는 꼭 넘어야 할 청장년층의 표심을 잡기 위해 그들이 가장 원하는 '청렴'과 '신뢰'라는 카드를 제시했다는 것이다.

이와 관련, 정치권에서는 박근혜식 과거사 돌파를 기대했다. 출마 선언문 초반에, 어머니 육영숙 여사와 아버지 박정희 전 대통령의 유산을 강조했다면, 뒤에는 새로운 대한민국과 변화에 방점을 찍었다는 구성에 주목한 것이다.

정치권의 한 관계자는 "박 후보에게 과거 문제는 마지막으로 넘어야 할 산"이라며 "결국 박 후보가 말하는 미래가 유권자의 마음을 잡기 위해서는 이 산을 스스로 넘어 가야만 할 것"이라고 강조했다.

'정부 3.0시대'와 개인별 맞춤 행복

새누리당의 유력 대선 후보인 박근혜 전 비상대책위원장은 2012년 7월 11일 정부운영 방식을 전면 개편하는 '정부 3.0' 시대를 달성하겠다고 밝혔다.

박 전 위원장은 대선 공식 출마 선언 후 첫 외부일정으로 충청 지역을 택했다. 이날 박 전 위원장은 대전 유성구에 위치한 정부통합전산센터를 방문해 "정부가 하는 모든 일을 국민에게 알려야 한다"며, 정부 3.0 구상을 발표했다.

정부 1.0이 일방향 소통이었다면 정부 2.0은 쌍방향, 정부 3.0은 개인별 맞춤형 정보를 제공한다는 내용이다. 새 정부가 출범하면 정부 2.0을 완성한 후 5년 내에 정부 3.0까지 달성한다는 계획이다. 특히 정부가 소유한 대부분의 정보를 민간에 제공한다고 밝혀 실현 가능성 여부가 주목된다.

박 전 위원장은 "투명한 정부, 유능한 정부, 서비스 정부를 만들겠다"며, "개인별 맞춤 행복을 지향하는 정부 3.0 시대를 달성해야 한다"고 말했다.

박 전 위원장의 대선 캠프에서 구상하는 정보공개 수준은 국가안보와 개인정보를 제외한 모든 정보가 포함된다. 이를 위해 박 전 위원장은 '공공기관의 정보공개에 대한 법률'을 현재 공개할 수 있는 정보만을 제시한 '포지티브 방식'에서 일부 기재된 정보 이외에 모든 정보공개를 허용하는 '네거티브 방식'으로 개정하겠다고 밝혔다. 지금까지는 특정 정부기관의 정보를 알기 위해서는 정보공개청구 신청 과정을 거쳐야 했다. 하지만 신청에서 공개까지 시간이 오래 걸리는데다 공개 여부도 공공기관의 결정에 맡겨야 했다.

박 전 위원장의 캠프는 공공정보의 공개가 이뤄지고 이를 민간에서 활용한다면 연간 5조3,000억 원의 시장과 42만 개의 1인 창조기업이 창출될 것으로 예측하고 있다. 민간 활용과 관련해서는 '공공정보의 민간활용에 관한 법' 제정을 준비하고 있다.

박 전 위원장은 시스템이 구축되면 적어도 국내총생산(GDP)의 0.05% 정도의 시장이 형성되고, 일자리가 창출된다는 통계가 있다며, 젊은이들이 선호하는 일자리가 정부 3.0 구축 단계에서부터 창출될 수 있다고 밝히고 있다.

6

전문가들이 꼽은 박근혜가 대통령이 되어야 하는 10가지 이유

한국일보가 18대 대선을 앞두고 국내 정치·선거전문가 30명을 대상으로 2012년 6월 17일 대선 최대 이슈에 대한 설문조사를 실시한 결과, 응답자의 60%인 18명이 '복지 확대 및 양극화 문제 해법'을 꼽았다. 특히 예상 주요 이슈(복수 응답 가능) 상위 6개 중 4개가 경제와 직·간접적으로 관련된 내용이어서 전문가들은 향후 대선 정국에서 경제가 표심을 좌우할 핵심 이슈가 될 가능성이 큰 것으로 보고 있다.

즉, 대선 최대 이슈로 복지 확대 및 양극화 문제 해법을 첫 손가락에 꼽은 전문가들은 복지는 대선에서 피해갈 수 없는 문제이며, 유럽발 경제 위기가 우리 사회의 양극화 문제를 심화시킬 수 있다고 분석했다. 권혁주 서울대 행정대학원 교수는 "복지 확대는 현재 가장 중요한 이슈이고, 여권의 유력 주자인 박근혜 전 새누리당 비상대책위원장도 강조하고 있는 것"이라며, 대선에서 최대 이슈가 될 것이라고 관측했다.

응답자 중 절반에 가까운 13명은 '경제 위기 극복'을 최대 이슈로 예상했다. 황태순 정치평론가는 "현재 유럽발 경제 위기는 2012년 하반기 우리 경제에 큰 영향을 줄 수 있는 요인"이라며, "이를 극복하지 못한다면 복지와 양극화 해소 문제가 호강스런 얘기가 될 수도 있다"고 우려했다.

안보 이슈인 '남북관계'(10명)와 '종북 논란'(5명)도 주요 이슈로 거론됐다. 윤희웅 한국사회여론연구소 조사 분석 실장은 "미국 대선과 중국의 권력교체 등 주변국 정세 및 북한 김정은 체제 변화와 맞물려 남북관계의 중요성이 부각될 가능성이 크다"고 전망했다. 통합진보당 사태와 민주당 임수경 의원의 막말 파문 등으로 정치권에서 논란이 되고 있는 '종북 논란'이 최대 이슈로 이어질 것으로 전망한 전문가들은 상대적으로 적었다. 또 경제 정책과 관련된 '재벌 개혁'(4명)과 '실업자 문제'(3명) 등을 대선 이슈로 꼽은 의견도 있었다.

이 외에 전문가들은 '국민통합'(최진 대통령리더십연구소장), '개인 삶의 질 개선'(정한울 EAI 부소장), '국가 위기관리 능력'(홍형식 한길리서치 소장) 등이 대선의 주요 이슈가 될 것이라고 예상했다. 이렇듯 국민적 관심사인 경제위기 극복을 위한 해법으로 가장 먼저 경제 살리기 해법을 제시한 박근혜에게 전문가들이 꼽은 박근혜가 대통령이 되어야 하는 10가지 이유를 종합해 보면 다음과 같다.

[표 23] 박근혜가 대통령이 되어야 하는 10가지 이유

순위	키워드	내 용
1	경제성장 해법	경제 주체 간 불균형 심화에 따른 실질적 대안을 대선 후보자 중 가장 먼저 제시
2	경제문제 해법	대기업에 단호한 법 집행과 균형적 이행 약속, 수출과 내수 동시 성장하는 쌍끌이 경제 실천 전략 제시
3	일자리 창출	전통 제조업의 고부가가치 창출과 서비스 산업 경쟁력 강화를 통한 단계적 접근과 해법 제시
4	검증된 리더십	남성을 능가하는 카리스마적 리더십. 여성대통령의 세계적 이슈화와 여성국가원수들의 성공적인 리더십 발휘와 함께 박근혜의 다양한 검증된 리더십 인정
5	국가관리 능력	투철한 국가관을 인정받았으며, 국가위기 관리능력, 퍼스트레이디 역할 수행 경험과 국정관리 능력 인정
6	소통 방법	격의 없이 소통하는 리더로서, 통합, 포용, 온화, 화합의 정치 리더십이 인정됨. 국민적 거부감이 적고, 모두가 신뢰하는 리더십 인정
7	역대 남성 대통령의 실정	역대 남성 대통령들의 실정에 따른 국민들의 거듭된 실망으로 여성 대통령의 등장을 바라고 있음. 감성, 섬세함, 유연성, 모성적 이미지의 장점 활용, 여성 특유의 섬세한 지도력 입증
8	국정 경험	퍼스트레이디 역할 수행과 국가 외교의 일익을 담당한 검증된 국정경험
9	국민 지지율	전국적으로 고른 지지율. 변함없는 콘크리트 지지율 40% 유지
10	구태, 부패 척결 의지	돈과 재물을 탐하지 않는 청렴결백함과 도덕성 인정. 구태정치, 부패 방지 및 잘못된 정치 문화 단절을 위한 솔선수범 인정

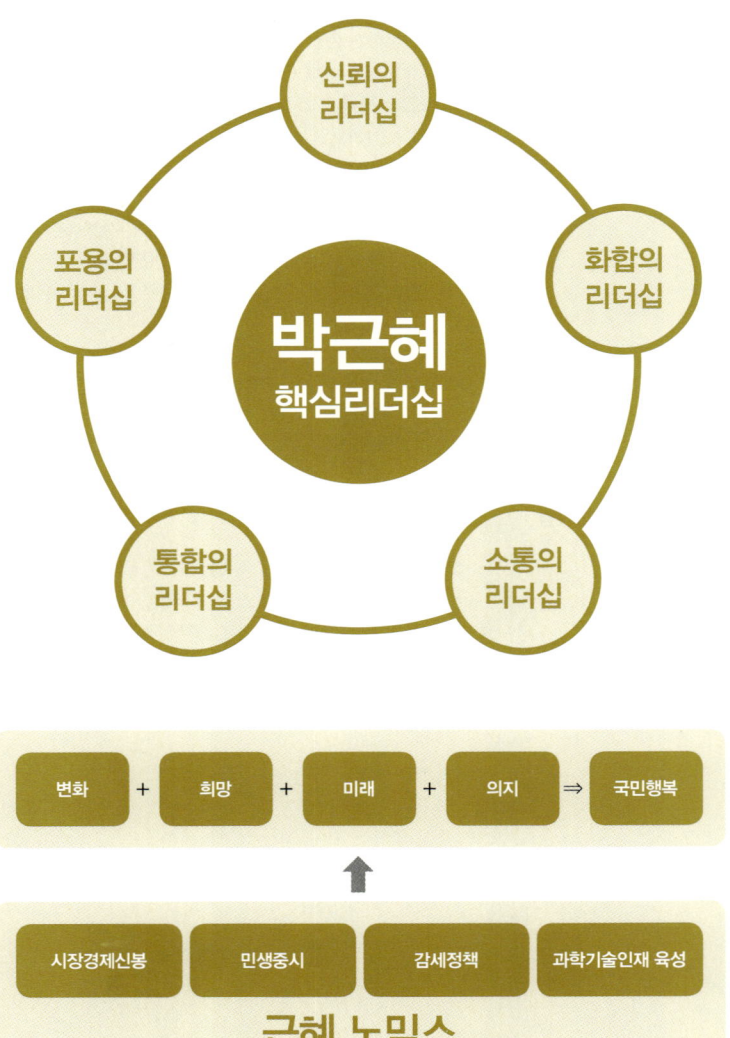

참고문헌

김수영(2005). 한국 여성정치인의 여성리더쉽 유효성에 관한 연구. 서강대학교 공공정책대학원 석사학위논문. pp.32~33.
김원홍(1996). 국회의원 여성후보에 관한 연구. 한국여성개발원.
뉴스타운(2010). 세계 여성 지도자들 탄생 쓰나미, 이제 한국 차례. 뉴스타운. 2010. 11. 03.
동아일보(2006). 박근혜의 계산서. 동아일보. 2006. 2. 4.
동아일보(2011). 정부의 물가관리. 동아일보. 2011. 01. 15.
매일경제(2012). 복합위기 우려되는 한국 경제. 매일경제. 2012. 06. 07.
매일경제(2012). MB, 두차례 글로벌위기 넘겼지만 가계·공공부채는 늘어 '경제 부담'. 매일경제. 2012. 05. 02.
박종찬(2005). 박근혜 미니 홈피 '명품정치인, 타깃 아이콘'으로 성공. 한겨레신문. 2005. 04. 23.
삼성경제연구소(2004). 국민소득 2만불로 가는 길: 국가리더십 사례. 삼성경제연구소.
서울경제(2012). '대권3수' 박근혜 무엇이 달라졌나. 서울경제. 2012. 07. 10.
서울경제(2012). 개인별 맞춤행복 지향 '정부 3.0시대' 열겠다. 서울경제. 2012. 07. 11.
서울경제(2012). 양극화와 포퓰리즘. 서울경제. 2012. 07. 20.
세종데일리(2012). 소서노-박근혜-한명숙. 세종데일리. 2012. 03. 07.
손봉숙(1994). 여성동장의 충원 경로 및 역할에 관한 연구. 여성정치연구소.
송정숙(2004). 혁명가의 딸 박근혜. 경제풍월 5월호 2004.
전복희(2011). 여성 최고 권력자가 더 나은 세상을 만들까?. 아시아여성연구, 50(2), 239-248.
조선경제(2012). MB정부 성장률 역대 최저…세계 평균보단 높아. 조선경제. 2012. 6. 29.
조선일보(2011). 큰 복지 놔두고 작은 복지로 국민 속여 먹기. 조선일보. 2011. 01. 07.

조선일보(2012). 대통령의 '추락'. 조선일보. 2012. 3. 5.
조선일보(2012). 박근혜가 물리쳐야 할 첫째 대상은 박정희. 조선일보. 2012. 07. 08.
조선일보(2012a). 메이저리거 된 한국경제…이젠 바람 앞의 촛불 아니다. 조선일보. 2012. 05. 29.
조선일보(2012b). 70년대 이후 한국만 뺀 모든 개도국 '중진국 함정(소득 1만달러에 갇힘)'. 조선일보. 2012. 05. 29.
조선일보(2012c). 위기마다 1보 후퇴, 2보 전진…코리아 '오뚝이 DNA'. 조선일보. 2012. 05. 29.
조성관(2004). 한국의 여성들, 역사를 바꾼다!. 주간조선. 2004. 4.
프레시안(2007). 우리도 대처 수상 같은 지도자가 필요하다. 프레시안. 2007. 11. 27.
한겨레21(2004). 여성성이 듬뿍 담긴 리더십. 한겨레21. 2004. 07. 15.
한계레21(2004). 그녀의 애국주의가 휘날린다. 한겨레21. 2004. 7. 15.
한국경제(2012). [한경데스크] 대선주자들이 잊고 있는 것. 한국경제. 2012. 07. 19.
한국경제(2012). 경제의 정치화를 경계한다. 한국경제. 2012. 07. 09.
한국일보(2011). 아동복지법 50년 성적표. 한국일보. 2011. 01. 07.
한국일보(2012). '20−50클럽' 가입한 한국…소득 3만弗 보증수표 될까. 한국일보. 2012. 06. 25.
한국일보(2012). 60%가 "복지 확대·양극화 해법", 한국일보. 2012. 06. 18.
한국일보(2012). 747공약이 양극화·물가 급등의 원인. 한국일보. 2012. 02. 20.
한국일보(2012). 서민생활비 30% 줄여주겠다더니…'경제 대통령'은 없었다. 한국일보. 2012. 02. 20.
한국일보(2012). 타협에 실패, 국론분열·지역 갈등 불러. 한국일보. 2012. 02. 20.
헤럴드경제(2012). 고건·문국현, 등장은 화려했지만 끝은…. 헤럴드경제. 2012. 04. 18.
헤럴드경제(2012). 다시 확인된 박근혜의 힘..8년 전보다 더 강했다. 헤럴드경제. 2012. 04. 12.
헤럴드경제(2012). 도돌이표 퇴행정치 '고질병'…외부 감시시스템 도입하자. 헤럴드경제. 2012. 03. 02.

헤럴드경제(2012). 변화 · 희망 · 미래…'朴心=국민행복' 방점. 헤럴드경제. 2012. 07. 10.

헤럴드경제(2012). 與총선 압승…朴에겐 '숙제'로 남았다. 헤럴드경제. 2012. 04. 13.

ACAS Annual Report and Account(2007). Trade Union Statistics – Certification Officer Annual Reports. Office for National Statistics. Labour Dispute in 2006. Economic and Labour Market Review Vol 1(6) 2007년 6월호.

Eagly, A. H. & Johnson, B. T.(1990). Gender and Leadership Style Meta Analysis. Psychological Bulletine, 108: 233-256.

Employment Tribunals Service. Annual Report & Account. 각 년호. Department of Trade and Industry.

House, R. J.(1977). A Theory of Charismatic Leadership. In Hunt, J. G. & Larson, L. L.(Eds.). Leadership: The Cutting Edge(Southern Illinois Univ. Press.

Waddington(2003). Office for National Statistics.

찾아보기

표 목록

표 1　747공약 성적표 · 28
표 2　대처리즘의 시기별 추진내용 · 90
표 3　1974~1979년 노동당 정부의 노사관계 주요지표 · 93
표 4　1970~1980년대 영국의 파업건수와 그로 인한 노동손실일수 · 94
표 5　영국 노조조직률의 저하 · 97
표 6　영국의 GDP 연평균 성장률 · 98
표 7　영국의 상품무역수지 추이 · 100
표 8　영국 노조의 약화와 노사관계 개혁 이후 · 102
표 9　전국 최저임금의 시간당 변화 · 103
표 10　대처정부의 노동개혁 · 106
표 11　민영화 추진의 3대 원칙과 효과 · 108
표 12　주요 공기업 민영화 사례 · 109
표 13　공기업 민영화 사례와 성과 · 111
표 14　영국의 국민소득 및 성장률 추이 · 113
표 15　영국의 노사분규 추이 · 115
표 16　여성정치지도자의 등장과정에서 보이는 특성 · 131
표 17　여성정치지도자의 성향적 특성에 따른 분류 · 133
표 18　국가정상에 오른 여성 대통령 및 총리 · 138
표 19　대처 VS 박근혜 리더십 비교 · 159

표 20   박근혜의 대선관련 주요 행보 · 180
표 21   박근혜 정치적 이념 · 182
표 22   박근혜의 핵심 성공 리더십 · 208
표 23   박근혜가 대통령이 되어야 하는 10가지 이유 · 223

그림 목록

그림 1   정권별 경제 성장률(단위: %) · 23
그림 2   역대정권 평균 성장률(단위: %) · 31
그림 3   주요 국가 경제성장률(단위: %, 2012년 기준) · 33
그림 4   역대 정부 경제업적지수 및 정부별 주요경제지표 · 39
그림 5   20-50클럽 국가 3만달러 달성기간 · 55
그림 6   변화에 대한 수용성 지수(2011년 기준) · 61
그림 7   대처수상 등장 이전의 상황 · 84
그림 8   영국경제 성장률 추이(75~88년) · 112
그림 9   영국의 자본수지 추이 · 114
그림 10   실업자수 및 실업률 추이(71~90년) · 116
그림 11   영국의 외자유치 추이 · 117
그림 12   박근혜의 역할 상황과 리더십 특성 · 160
그림 13   보수 VS 진보 득표수(단위: 천명) · 211